인기 있는 앱은
어떻게 만들어지는 걸까?

앱 마케팅을
가장 효과적으로 하는 실천 가이드

인기 있는 앱은
어떻게 만들어지는 걸까?

제1판 제1쇄 인쇄 2016년 08월 16일
제1판 제1쇄 발행 2016년 08월 25일

지은이 이원주 **발행인** 조헌성 **발행처** (주)미래와경영
출판등록 2000년 03월 24일 제25100-2006-000040호
주소 (08381) 서울특별시 구로구 디지털로27길 36 이스페이스 602호
전화번호 02) 837-1107   **팩스번호** 02) 837-1108
홈페이지 www.fmbook.com **이메일** fmbook@naver.com
ISBN 978-89-6287-170-8 13320 **값 15,000원**

■ 좋은 책은 독자와 함께합니다.
　책을 펴내고 싶은 소중한 경험이나 지식, 아이디어를 이메일 fmbook@naver.com로 보내주세요.
　(주)미래와경영은 언제나 여러분께 열려 있습니다.

인기 있는 앱은
어떻게 만들어지는 걸까?

“문제는 마케팅이야, 마케팅이 문제다!”
“문제는 경제야, 이 바보야! It's the economy, stupid!”

이 말은 빌 클린턴 전前 대통령이 1992년 미국 대통령 선거에서 현직 공화당 출신 대통령인 조지 H. W. 부시와 무소속 후보인 로스 페로를 꺾고 당선될 때, 캐치프레이즈이다. 대통령 경선 당시 상대방은 조지 부시 전前 대통령이었다. 그 시절 미국인들은 경제 침체로 생활고를 겪고 있었다. 조지 부시는 1992년 걸프전을 승리로 이끈 강인한 미국을 나타내는 상징적 인물로, 대통령 선거의 주요 캠페인 내용 또한 강력한 미국을 표방하였다. 반대로 빌 클린턴 당시 후보는 경제 부활에 온 초점을 맞추고 있었다. 이 가운데 대통령 선거 캠페인으로 빌 클린턴 캠프 진영에서 태어난 캐치프레이즈가 바로 '문제는 경제야, 이 바보야! It's the economy, stupid!'였다.

이 캐치프레이즈 하나로 빌 클린턴 당시 후보는 미국인들의 관심을 단 번에 끌 수 있었고, 미국인들은 민생 경제를 최종점으로 둔 빌 클린턴의 손을 들어주었다. 아직까지도 이 캐치프레이즈 에피소드는 얼마나 국민의 필요를 잘 알고, 집중하는 것이 중요한지를 알려주는 전설로 전해지고 있다. 정치 이야기를 하자는 것은 아니지만, 이 캐치프레이즈만큼 우리가 지금 하고 싶은 말을 정확히 표현하고 있는 게 없다. 모바일 비즈니스를 영위하고자 애플리케이션(앱)을 개발하고도 사용자의 관심을 받지 못해 활성화되지 않은 앱 기획자, 개발자, 마케터 등에게 하고 싶은 적절한 말이다.

"It's the marketing!", "문제는 마케팅이야!"

자고 일어나면 매일 새로운 앱들이 탄생한다. 이 가운데 자신을 사용해 주는 주인을 만나는 앱이 과연 몇 개나 될까? 모바일 시장 전문조사 업체 '앱피겨스AppFigures'에 따르건 2014년 말 기준으로 구글 플레이의 앱 보유 개수는 140만 개, 애플 앱 스토어 120만 개, 아마존 앱 스토어 28만 개다. 대략 290만 개 정도 된다. 290만 개는 2014년 기준으로 등록된 앱의 개수고 지금도 세계 여러 곳에서 수많은 개발자가 차고에서 또는 사무실에서 만들고 있는 앱을 합치면, 500만 개가 넘을 것이다. 그럼 이 중 사용되는 앱은 몇 개나 될까? 애플 앱 스토어 이용자는 1인당 매월 6.2개의 앱을 사용하고, 안드로이드 이용자는 매월 4.1개를 사용한다. 월평균 사용하는 전체 앱의 개수는 26.8개라고 한다. 290만 개 앱 중에서 사용하는 앱이 27개, 비율로 따지면 0.0009%이다. 평생에 한 번 벼락을 맞을 확률이 0.0002%라고 하니 20년에 한 번 벼락을 맞을 확률로 앱이 사용되고 있는 것과 똑같다.

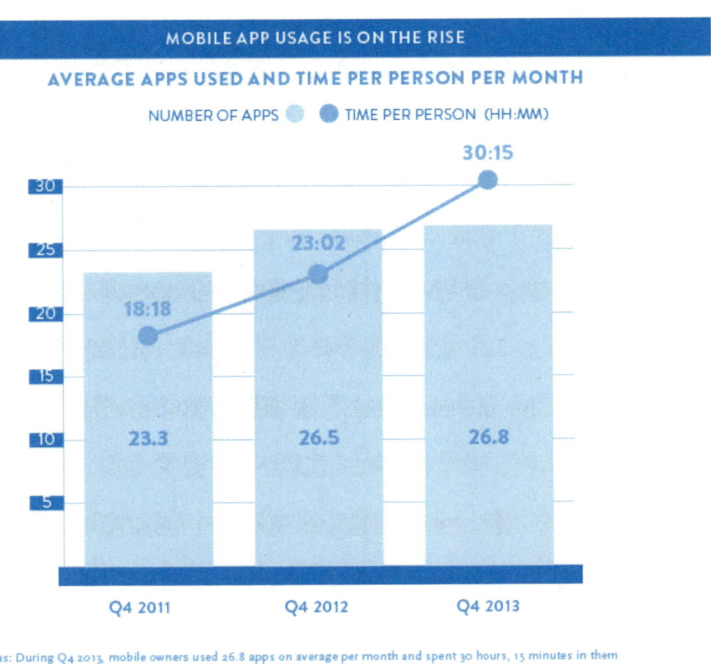

- 조사대상 : Android와 iOS 기반 스마트폰, 태블릿을 사용하는 18세 이상 미국 성인 5천여 명
- 조사방법 : 패널의 스마트폰에 설치된 Mobile NetView 3.0, Nielsen's on device software 사용
- 참고 URL: http://www.nielsen.com/us/en/insights/news/2014/smartphones-so-many-apps--so-much-time.html

위의 도표는 미국 시장조사 업체 Nielsen이 18세 이상 미국 성인들의

모바일 앱 사용행태를 조사한 결과이다. 도표를 보면 앱 사용시간은 계속 증가하고 있지만, 반면에 앱 사용 개수는 23.3개에서 26.8개로 3.5개 늘어나, 사용시간 대비 사용 앱 개수는 많이 증가하지 않고 있다는 것을 알 수 있다. 앱 사용 개수는 무한정으로 늘어나지는 않는다. 따라서 새로운 앱이 개발되거나 출시되면, 사용자의 스마트폰에서 기존의 앱을 밀어내고 새롭게 자리를 잡아야만 한다.

어떤 앱들은 사용이라는 벼락을 맞고, 어떤 앱들은 왜 그렇지 않을까? 그 이유는 무엇일까? 대답은 의외로 간단하다. 소비자(스마트폰 사용자)들이 당신이 기획 또는 개발한 앱에 대해서 알지 못하기 때문이다. 당신은 아마 앱을 개발하고 나서, 마치 할 일을 다 한 것처럼 마냥 기뻐하면서 '도든 것이 다 잘되겠지' 하고 있을 것이다. '정말 기가 막히게 잘 만들었으니, 사람들이 알아서 사용하겠지?'라는 생각을 할 수도 있다. 천만의 말씀이다. 당신은 완전히 잘못된 생각을 하고 있다. "누가 무엇을 만들었지는 알게 뭐야?" 이것이 현실이다. 당신이 개발자이건 기획자이건 간에 실사용자의 손에 앱을 쥐여 줘야 앱 개발이 끝나는 것이다. 앱을 만들었다고만 해서 끝나는 것이 아니다. 앱 개발을 완료하는 것은 시작일 뿐이다. 사람들 손에 쥐여 주고 사용하게 해야 비로소 완성되는 것이다.

학창시절 경험 중에 밤새워 열심히 숙제했지만, 다음날 학교에 안 가지고 간 경험이 한두 번이 있을 것이다. 또는 정말 열심히 리포트를 만들고 발표 준비를 철저히 했는데, 막상 발표를 엉망으로 한 경험도 있을 것이다. 당신이 기가 막힌 발표를 준비했고, 얼마나 열심히 했는지는 아무도 모른다. 다른 사람 앞에서 이야기하거나, 발표하지 않으면 당신이 준비한 것이 얼마나 좋은지 아무도 모른다. 선생님에게 '숙제는 했는데, 안 가져왔어요'하면, 선생님이 믿어주나? 이것과 똑같다. 아무리 열심히 개발하면 뭐하는가? 정말로 좋은 앱이라고 주장하면 무엇하나? 다른 사람이 알아주지를 않는데….

지금도 차고에서, 골방에서 벼락을 맞기 위해 이 순간에도 잠도 잊고 앱을 개발하고 있는 당신에게 이 말을 꼭 해 주고 싶다.

"문제는 마케팅이야!"

너무 어려운가?

저자 이원주

Prologue

PART 02 앱 마케팅 준비는 되었는가?

PART 03   앱 마케팅 핵심 요소인 4E

Chapter 01   앱 마케팅 요소는 무엇인가?   110

Chapter 02   앱 노출을 강화하라!   124

Chapter 03   앱에 대한 체험을 활용하라!   144

PART 01

앱 마케팅이란 무엇인가?

왜, 앱 마케팅이 필요한가?

확률 0.0009%
세상 속에서 살고 있다

마케팅**Marketing**이란 무엇인가? 여기저기서 마케팅, 마케팅 하는데, 무슨 소린지 전혀 모르겠다. 이것이 당신의 솔직한 심정일 수 있다. 너무 어렵게 생각하지 말자! 마케팅의 학문적 정의에 대해서는 시중에 나와 있는 마케팅 원론 교재를 보든지, 아니면 검색 포털에서 찾아봐도 잘 정리되어 있다. 여기서는 어려운 학문의 이야기를 하는 것이 아니므로 필자의 경험을 중심으로 마케팅에 대한 생각을 정의하도록 하겠다.

마케팅이란 한마디로 '꼬실라제이션이다.' 이는 '꼬시다'라는 우리말과 영어의 '~하다'라는 접두어인 '-ation'이 결합된 말이다. 이 단어가 진짜로 있다고 생각하지는 말기 바란다. 그냥 속어로 가끔 꼬시는 행위를 나타낼 때 사용하는 말이다. 표준어는 더더욱 아니다. 마케팅이란 제품, 서비스, 앱 등을 소비자들이 구매하거나 사용하도록 만드는 모든 활동으로, 사용하거나 구매하도록 '꼬시는' 모든 활동을 말한다. 즉, 마케팅이란 소비자가 상품을 구매, 사용하게 하는 모든 활동을 의미한다. 좀 더 쉽게 말한다면 당신이 개발한 앱을 다른 사람에게 알리고, 사용하게 만드는 모든 활동을 의미한다.

앱을 다른 사람에게 알리고 사용하게 하는 것이 마케팅이라고 한다면 특별한 활동이 꼭 필요할까? 앱을 그냥 잘 만들어서(사용자가 원하는 대로 또는 그들의 필요에 맞게 등등) 앱 스토어에 업로드^{Upload}시키면 되는 것이 아닌가? 페이스북^{Facebook}이 마케팅 활동을 잘해서 지금과 같은 어마어마한 가입자를 모으지 않은 것은 아닌가? 이런 생각을 충분히 할 수 있다. 2012년이라면 가능한 이야기이다. 스마트폰 초창기에는 앱을 빨리 개발해서 앱 스토어에 등록만 하면 쉽게 10만 내려받기^{Download}를 만들어 내기도 했다. 하지만 지금은 2016년이다. 앞에서도 말한 것처럼 앱 스토어에 등록되어 있는 앱 개수만 해도 290만 개가 넘어서고 있다. 모바일 환경이 바뀌었다. 다시 한 번 말하지만, 소비자, 사용자들이 당신이 개발한 앱을 사용할 확률은 0.0009%이다.

TV를 켜면, 게임 앱, 배달 관련 앱 등 여러 가지 앱이 수십억 원의 비용을 들여 TV 광고를 하는 것을 볼 수 있다. 그만큼 큰 비용을 들여 사용자들에게 어필^{Appeal}하기 위해 노력을 하고 있다는 것을 알 수 있다. 이것이 현실이다. 하지만 이렇게 모든 앱이 사용자를 확보하기 위해 TV 광고를 해야 한다는 말은 절대 아니니 오해하지 않기를 바란다.

혹자는 "이미 필요한 앱은 모두 나와 있다"라는 말을 하기도 한다. 그만큼 많은 앱이 있다는 의미일 것이다. 지금 당장 앱 스토어, 구글 플레이 스토어 등에 들어가서 몇 가지 단어를 검색해 보라. '건강'이란 단어를 검색해 보면 100개 이상의 앱이 나올 것이다. 검색어가 너무 광범위하다는 생각이 들면, 범위를 좀 더 좁혀 '건강기록'이란 단어로 검색해 보라. 아래의 사진은 '건강기록'을 검색해 본 결과 값이다. 역시 100개 이상의 앱이 검색될 것이다.

앱을 잘 만들어서 앱 스토어에 등록하고 나면 모든 것이 완료되는 시대가 더 이상 아닌 것이 분명하다. 감나무 밑에서 감 떨어지기를 기다려서는 안 된다. 감은 결코 떨어지지 않는다. 감이 떨어지도록 활동을 해야 한다. 감나무를 흔들든지, 아니면 감나무 자체를 흔들 힘이 없다면 막대기로 감나무를 때려야 한다. 그냥 막연히 '어떻게든 되겠지, 잘 되겠지' 하면 정말 아무것도 되지 않는다. 개발한 앱을 열심히 다른 사람에게 알려야 한다. 알리지 않으면 어떤 앱이 새로 출시되었는지 아무도 알지 못한다. 지금 당신은 앱을 알리기 위해 과연 어떤 활동을 하고 있는가?

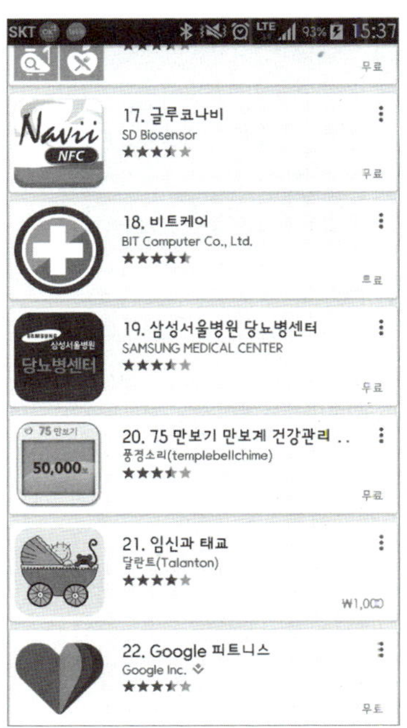

구글 플레이 스토어 '건강기록' 검색 화면

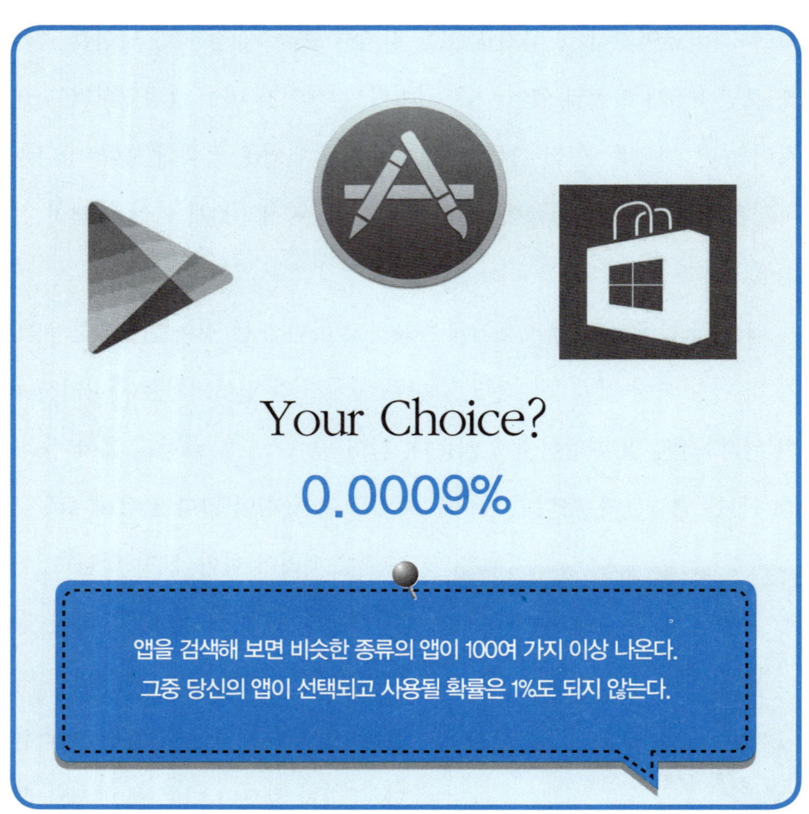
Your Choice?
0.0009%
앱을 검색해 보면 비슷한 종류의 앱이 100여 가지 이상 나온다.
그중 당신의 앱이 선택되고 사용될 확률은 1%도 되지 않는다.

지금은 마케팅 세상이다

당신은 매일 마케팅의 홍수 속에 빠져서 살고 있다. 아침에 깨어나서 저녁에 잠들 때까지 각종 상품, 서비스 등의 광고와 홍보, 이벤트 등 다양한 마케팅 활동에 둘러싸여 있다. 당신이 느낄 수 있든 없든 간에 말이다. 이 말을 믿지 못하겠다고? 그럼 지금부터 당신이 얼마나 많은 마케팅 활동에 둘러싸여 있는지 확인해 보도록 하자.

먼저, 다음 페이지의 그림에 당신이 시간별로 하는 활동을 작성해 보자. 작성할 때 시간별로 하는 활동 옆에 메모할 수 있는 공책을 조금만 두고 작성하도록 하자.

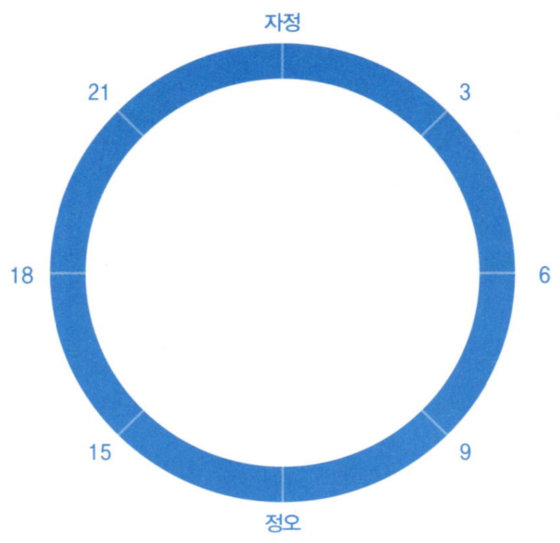

〈시간대별 일과표〉

시간별로 하는 활동을 작성했으면, 지금부터는 활동 옆에 그 시간대에 당신이 보고 들은 다양한 마케팅 활동에 대해 작성해 보자. 아마, 당신이 작성한 시간별 활동 옆에 대부분 마케팅 활동이 작성되어 있을 것이다.

다음 페이지 그림은 간략하게 작성한 필자의 하루 일과표이다. 일과표를 보면 일과 대부분이 마케팅 활동에 둘러싸여 있는 것을 알 수 있다. 출·퇴근 시간에 보이는 버스 Wrapping 광고, 버스 정류장 광고, 지하철 내 각종 광고, 이동 중에 보이는 각종 옥외 광고부터 근무시간에 PC 이용 중에 보이는 각종 배너 광고, 검색 광고, 시도 때도 없이 걸려오는 각종 대출 권유 전화, 이동전화 가입 권유, 부동산 매매 권유, 스마트폰 메시지, 점심시간에 길거리에서 나누어주는 각종 전단지, 특정 제품이나 서비스에 대한 동료들의 사용 경험담 및 추천 등이다. 물론 제품이나 서비스 사용 경험담도 마케팅 활동으로 판단하는 것에 대해 수긍을 하지 않는 분도 있을 수 있다. 그런데 주변 동료나 지인으로부터 제품 사용 경험을 들으면 구매(사용)해 보고 싶은 생각이 들지 않는가? 사용 경험, 추천이야말로 가장 강력한 마케팅 도구이다. 퇴근 후 역시 마케팅 활동에서 자유롭지 못하다. 각종 TV 광고, 포털 사이트 배너 광고 등이 퇴근 후에도 계속 따라 다닌다.

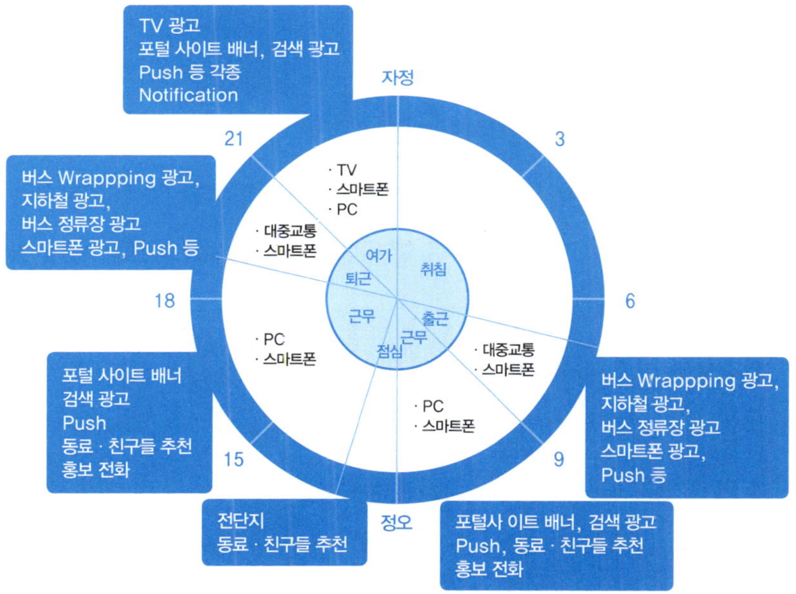

〈필자의 시간대별 일과표〉

위와 같이 하루 일과표를 작성해 보면 잠들어 있는 시간을 제외하고 일상생활이 각종 제품이나 서비스에 대한 광고, 홍보, 영업 등의 마케팅 활동에 둘러싸여 있는 것을 알게 될 것이다. 소비자(사용자)들이 생각하고,

결정하고, 행동하는 모든 영역에서 마케팅 활동이 이루어지고 있다.

왜, 이런 현상이 나타나게 될까? 비슷한 종류의 제품 및 서비스가 많아 마케팅 활동 없이는 제품이나 서비스에 대해 인지시킬 방법이 없기 때문이다.

선택의 다양성

당신은 커피 한 잔을 마시기 위해서 얼마나 많은 선택이 이루어져야 하는지 아는가? 대략 100여 가지의 선택지 중에서 결정해야 한다. 커피 한 잔을 마시기 위해 100여 가지 중에서 선택해야 한다고 하면 믿지 못하는 사람이 대부분이다. 지금부터 커피 한 잔에도 얼마나 많은 선택사항이 있는지 알아보도록 하자.

커피를 마시기 위해서는 제일 먼저 어떤 커피(상품 종류)를 마실 것인지, 어디에서(구매 장소) 마실 것인지를 결정해야 한다. 사람의 기호에 따라 또는 상황에 따라 선택할 수 있는 커피의 종류가 달라질 수 있다. 인스턴트커피를 선택할 수도 있고, 원두커피(인스턴트커피에 대한 반대어로 원두커피를 주로 사용함)를 선택할 수도 있다. 인스턴트커피는 또 믹스커피와 커피로 구분할 수 있으며, 또 제조사 및 브랜드를 선택해야 한다. 커피를 선택했다면 다음으로는 커피를 구매해야 할 장소(채널)를 선택해야 한다. 당신이 원두커피를 마시기로 하였다면 구매 장소(채널)로는 커피전문점인 스타벅스, 엔제리너스, 커피빈, 커핀그루나루, 탐앤탐스, 드롭탑, 이디야, 카페베네, 투썸, 던킨 등이 있으며, 이외에도 소규모 커피 전문점들도 있다. 대략 잡아서 선택 가능한 구매 장소는 10여 곳이 넘는다.

구매 장소를 결정했으면 커피 종류를 선택해야 한다. 커피 종류만 해도 아메리카노, 라떼 등 10여 가지가 된다. 또 커피 원두의 종류는 얼마나 많은가? 원산지 별로 콜롬비아, 에티오피아, 브라질 등에 따라 다르고 로스팅^{Roasting}에 따라 또 다르다. 이상의 간략한 설명으로 커피를 마시기 위해서 선택해야 하는 가짓수는 원산지 및 로스팅 방법에 따른 구분을 제외하고라도 대략 100여 가지 넘는다는 것을 알 수 있을 것이다. 위에서 언급한 것처럼 우리가 거의 매일 습관처럼 마시는 커피도 100분의 1의 확률을 통과해야 소비자에게 선택된다. 커피 한 품목에서도 그만큼 많은 종류가 있기 때문에 경쟁이 치열하다.

앱은 어떨까? 앱은 커피와 달리 소비자가 선택할 수 있는 선택의 폭이 좁을까? 그렇지 않다. 경쟁이 커피보다 더하면 더했지 덜하지는 않다. 앞서 언급했듯이 앱 스토어에 등록된 앱의 개수는 대략 290만 개이며, 앱 스토어에서 동일 단어로 검색 시 100개 이상의 앱이 검색된다. 그만큼 경쟁이 치열하다. 그런데 왜, 앱은 잘 만들기만 하면 된다고 생각하는가? 더 이상 앱을 잘 만들기만 해서는 되지 않는다. 소비자가 선택과 사용을 하도록 적극적으로 유도를 해야만 한다. 적극적으로 앱에 대한 마케팅 활동을 하지 않고 사용을 기대하는 것처럼 어리석은 행동도 없다. 마케팅 없이는 그 어떤 것도 이루어지지 않는다.

App Marketing?

☑YES   ☐NO

앱 마케팅은 앱을 다른 사람에게 알리고, 사용하게 유도하는 모든 활동을 말한다. 앱을 개발하고 앱 스토어에 등록만 하면 사용자들이 알아서 내려받지 않는다. 적극적인 마케팅 활동을 해야 한다.

당신은
앱 마케팅을 오해하고 있다

마케팅은 앱 개발 완료 후에 준비해도 된다?

"마케팅 계획은 어떻게 되나요?"라고 스타트업Start-up에 물어보면 대부분 아직 계획이 없다고 말하거나, 잘 모르겠다고 대답한다. 심지어는 마케팅을 해 보았다는 마케터조차 앱 개발이 완료되면 마케팅 기획을 할 예정이라는 답변을 한다. 그럼, 언제부터 마케팅을 준비하는 것이 좋을까?

앱을 기획할 때부터 마케팅에 대해서 생각을 꼭 해야 하는 것은 아니지만, 앱 개발이 완료되고 나서 마케팅을 생각하고 계획해서도 안 된다. 앱에 대한 기획이 완성되고, 개발이 어느 정도 진행되면 늦어도 그때부터는 마케팅에 대해 생각을 해야 한다. 거창한 계획까지는 아니더라도 대략적인 계획 정도는 생각하고 있어야 한다.

왜, 앱 개발이 완료되기 전에 마케팅을 계획하고 준비해야 할까? 마케팅이란 소비자에게 앱에 대해서 알리고, 사용하도록 유도하는 것이라는 이야기를 했다. 다시 말하면 "나 여기 있어요! 좀 봐주세요"하는 활동과 같다. 따라서 개발이 완료되기 전에 어떻게 "나 여기 있어요! 좀 봐주세요"를 전달할 것인가에 대해 생각을 해야 한다. 즉, 개발하고 있는 앱을 사용자에게 어떻게 설명을 할 것인가에 대해 개발 중간부터 준비해야 한다.

매력적인 소개 문구 등을 통해 앱 내려받기를 유도할 수 있으며, 튜토리얼Tutorial을 통해 사용자의 마음을 붙들어 매서 사용하도록 유도할 수 있기 때문에 사용자들에게 설명해 주는 앱 소개 문구, 앱 검색 키워드, 앱 튜토리얼 역시 중요한 마케팅 도구 중 하나이다. 어떤 내용으로 설명하느냐에 따라 앱 내려받기 및 사용에 차이가 크게 나기도 한다. 따라서 어떤 문구가, 어떤 화면이 사용자에게 어필Appeal될 수 있는지 계속 고민하고 사용자들에게 검증해 보아야 한다. 반복되는 검증을 통해 가장 매력적인 문구 및 화면 등을 사용자에게 제공하는 것이 필요하다.

앱 설명 문구, 튜토리얼 화면 등은 앱 스토어 등록 후 업데이트Update를 통해 개선해도 된다고 생각할 수 있다. 물론 완전히 틀렸다고는 말할 수 없다. 하지만 한 번 들어왔다가 빠져 나가버린 사람을 다시 잡아 오기란 쉽지 않다. 두 배 이상의 노력이 필요하다. 신규로 사용을 유도하는 데 소요되는 마케팅 비용이 보상형 마케팅 방법(CPI) 기준으로 300원이라고 한다면, 빠져나간 사람을 다시 사용하게 만드는 비용은 1,000원 이상이 필요하다. 이런 중요한 사항을 맨 나중에 고민한다는 것은 말도 안 되는 것이다.

광고가 반드시 필요하다?

앱 마케팅이라고 하면 TV나 신문 등의 광고나 이벤트 등 너무 거창하게 생각하는 경우가 종종 있다. 또한 TV나 신문에 내는 광고 또는 네이버 등의 포털 사이트, 페이스북과 같은 SNS의 배너 광고만을 마케팅으로 생각하는 경우가 종종 있다. 잘못된 생각이다. 마케팅이란 앞에서 말했듯이, 자신의 제품이나 서비스 등을 다른 사람에게 알리고 사용하도록 유도하는 행위이다. 내 생각을 다른 사람에게 전달하고 알리는 것도 마케팅이다. 쉽게 말하면 다른 사람(고객)에게 자신이 알리고 싶은 것을 전달하는 것이 마케팅이다.

물론 마케팅 비용을 충분히 사용할 수 있다면, 광고를 통해 앱에 대한 소비자의 인지를 끌어올릴 수있다. 그러나 TV, 신문, 포털 사이트 등에 반드시 광고를 할 필요는 없다. 이제 막 개발을 끝낸 당신이 TV, 신문, 포털 사이트에 광고를 할 여유가 있을 리 만무하다. 그러한 방법들은 자금 여유가 생겼을 때 하고, 당신이 할 수 있는 최선의 방법들을 찾아서 하면 된다. 마케팅이라고 해서 너무 어렵고 거창하게 생각할 필요가 없다.

간단한 예로, 앱 스토어에 앱을 등록할 때 문구 하나하나에 신경을 써서 소비자에게 어필^{Appeal}하는 것도 좋은 마케팅 방법 중의 하나이다. 당신이 전달하고자 하는 내용을 효율적으로 알리는 것이 마케팅이다. 여기서 중요한 것은 효율적이라는 것이다. 효율적이지 않은 것은 마케팅이 아니라 '돈 지랄'이다. 효율적이라는 것은 최소의 비용으로 최대의 효과를 내는 것이다. 예산만 많이 있다면 누군들 광고를 못 하겠는가? 너무 극단적인 예이지만, 온종일 TV 방송을 통해 당신의 앱에 대해 광고를 하면 전 국민이 당신이 만든 앱을 알 수 있을 것이다.

그렇게 하는 것이 과연 좋을 것인가? 생각해 보면 그렇지 않다. 굉장히 비효율적이다. 광고가 나쁜 것은 아니다. 다만, 광고도 필요한 시기가 있고, 해야 할 제품 또는 서비스, 앱들이 따로 있다. 모든 앱이 다 광고, 특히 TV 광고가 필요한 것은 아니다. 대다수 국민이 사용하는 카카오톡의 경우 TV 광고 하는 것을 본 적이 없는 것 같다. 물론, 최근에야 카카오 택시 광고를 하고 있지만 말이다. 현재의 카카오는 그만큼의 위치와 여유가 생겼기 때문에 TV 광고를 하는 것이다. 처음부터, 즉 카카오톡을 만들었을 때는 TV 광고를 한 적이 없다.

앱 마케팅에 대한 일반적인 생각을 바꿔라

광고를 할 필요가 없다고 한다면 앱 마케팅을 어떻게 해야 할까? 어떻게 하는 것이 효율적일까? 대부분의 스타트업Start-up(앱 개발자 또는 앱 개발사)이 앱 마케팅에 대해서는 비슷한 생각을 하고 있다.

일반적인 앱 마케팅에 관한 생각을 정리해 보면 다음과 같다.

일반적인 앱 마케팅에 대한 생각

❶ 앱 스토어에 등록했으니 사람들이 많이 내려받겠지!(잘 만들었으니 앱 스토어 올리면 잘 되겠지!)

❷ 파워 블로거에게 홍보해 달라고 하면 되지 않을까?

❸ 마케팅 대행을 맡기면 되지 않을까?

❹ 마케팅 전문가를 영입을 하면 되지, 뭐!

❺ 요즘 CPI를 한다고 하는데, 우리도 CPI를 써서 하면 되지….

❻ TV 광고만 할 수 있다면, 그냥 쉽게 100만 내려받기 정도는 할 수 있을 텐데….

위의 생각에 대해 하나하나 살펴보도록 하자.

첫 번째, 앱 스토어에 등록만 한다고 사람들이 다운을 많이 받을까?

아니다. 앞장에서도 이야기했듯이 사람들이 내려받을 확률은 1%도 안 된다. 그냥 가만히 있으면 내려받지 않는다. 어떻게 하면 사람들이 다운을 받게 할 것인지에 대해서 생각해야 한다. 내려받기를 많이 하게 하려면 어떻게 해야 할까? 지금부터 각자 생각나는 대로 메모해 보라! 메모했으면 잘 간직하고 있기를 바란다. 내려받기를 많이 받게 하는 방법에 대해 PART 04에서 자세히 설명할 예정이다. 당신의 메모와 비교해 보기 바란다.

두 번째, 블로그에 홍보만 하면 될까?

요즘 소비자들은 워낙 똑똑해서 블로거들이 작성하는 글에 대해 100% 신뢰를 갖지는 않는다. 물론, 아예 하지를 않는 것보다 효과는 있다. 그럼 어떤 내용으로 홍보해야 효과가 있을까? 파워 블로거들에게 홍보를 요청한다고 해서 블로거들이 당신이 원하는 대로 작성해 주지는 않는다. 홍보할 수 있는 포인트를 알려 주어야 한다. 그리고 어떤 파워 블로거에게 홍보 요청을 할 것인지도 선택해야 한다.

세 번째, 마케팅 대행을 맡기는 방법에 대해서 생각해 보자.

비용만 넉넉하다면 마케팅 대행을 맡겨도 괜찮다. 마케팅 대행을 맡기더라도 어떤 식으로 마케팅을 할 것인가에 대한 대략적인 계획은 필요하다. 그냥 앱을 개발했으니, '사람들이 많이 내려받게 해 주세요!' 이런 식으로 맡겨서는 안 된다. 마케팅 대행사가 전반적인 마케팅 계획을 수립해 주지는 않는다. 당신 스스로 마케팅 계획을 먼저 세우고서 세부적인 실행에 대해 대행사에 맡기는 것이 필요하다.

네 번째, CPI는 Click per Install의 약자로 일반적으로 리워드 앱을 통해 소비자들에게 내려받기를 유도하고, 내려받기 시 약간의 보상을 주는 방법이다. CPI 한 건당 보통 250원의 비용이 들어간다고 보면 된다. 자, 당신이 비용이 많이 있어서, 1억 원 정도를 사용해서 40만 건 정도를 내려받았다고 가정해 보자. 내려받은 사람들 모두가 계속해서 사용해 줄까? 아니다. 현재 내려받기 후 사용자로 전환되는 비율은 10%가 되지 않는다.

남들이 다 한다고 해서 무작정 따라 해서는 안 된다. 앱마다 가진 특성이 있고, 마케팅 환경이 다르다. 명확한 계획 없이 남들이 하는 방법을 그대로 따라 하기만 하면 비용만 쓰고, 원하는 성과도 달성할 수가 없다. 앱의 특성에 맞는 앱 마케팅 방법을 사용해야 한다. 그럼 어떤 방법을 써야 할까? 이것도 저것도 안 된다면 도대체 어떻게 하면 될까?

앱 마케팅의 불편한 진실

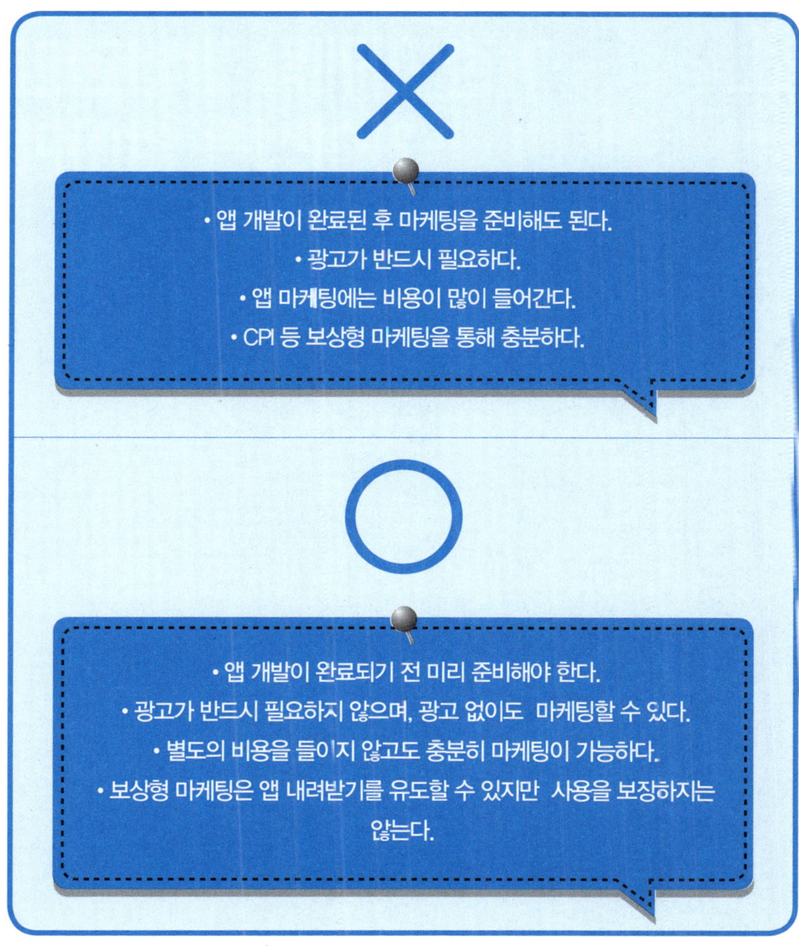

• 앱 개발이 완료된 후 마케팅을 준비해도 된다.
• 광고가 반드시 필요하다.
• 앱 마케팅에는 비용이 많이 들어간다.
• CPI 등 보상형 마케팅을 통해 충분하다.
• 앱 개발이 완료되기 전 미리 준비해야 한다.
• 광고가 반드시 필요하지 않으며, 광고 없이도 마케팅할 수 있다.
• 별도의 비용을 들이지 않고도 충분히 마케팅이 가능하다.
• 보상형 마케팅은 앱 내려받기를 유도할 수 있지만 사용을 보장하지는 않는다.

기존 마케팅 방법과의 차이점을 알아라

앱 마케팅은 다르다

Chapter 01에서 왜, 앱 마케팅이 필요한지에 대해서 설명을 했다. 당신이 개발한 앱을 사용자에게 알려야 하므로, 그것도 효율적으로 알려야 하기 때문에 마케팅이 적극적으로 필요하다는 사실을 충분히 알게 되었을 것이다.

그러면 앱 마케팅은 어떻게 해야 하는가? 당신에게 앱 마케팅을 기획해 보라고 하면 어떻게 하겠는가? 아마 대다수의 독자가 먼저 서점에 가서 마케팅 관련 책을 찾아보거나 또는 인터넷에서 마케팅에 대해서 검색해 볼 것이다. '마케팅은 어떻게 해야 하는가?', '마케팅을 잘하려면?' 등이 주요 검색 내용이 될 것이고, 좀 더 감각이 있는 분이라면 '앱 마케팅'에 대해서 검색할 것이다. 서점에서 마케팅 관련해서 찾은 책들은 대부분 가장 기본적인 마케팅 원론부터 시작해서 듣기만 해도 비슷비슷하거나 머리가 아픈 '감성 마케팅', '팔지 말고 사게 해라', '블로그 마케팅' 등 특정 마케팅 방법에 관해 이야기하는 책일 것이다. 인터넷 검색 역시 대부분 CPI에 관한 내용이거나 마케팅 에이젠시Agency에 대한 것이다.

당신이 찾은 각종 마케팅 방법으로는 앱 마케팅을 효과적으로나 효율적으로 할 수가 없다. 위에서 언급된 마케팅 방법들은 CPI를 제외하고는 대부분 상품, 서비스 등을 마케팅하기 위한 방법이다. 또한, 인터넷 검색을 통해 알게 된 CPI 등 보상형 마케팅 방법을 그대로 적용해서 앱 마케팅을 해서는 안 된다. CPI는 다양한 앱 마케팅 방법 중 극히 일부분일 뿐이다. 특히, CPI는 앱 사용 유도보다는 단순히 내려받기를 목적으로 하는 마케팅 방법으로 효율적으로 운영하지 않으면 안 되는 방법이지만 검색된 내용에서는 어떻게 하는 것이 효율적으로 집행하는 것인지에 대한 설명도 충분히 안 되어 있다. CPI를 시행하더라도 좀 더 효율적으로 이용하는 방법을 찾아야 한다.

상품이나 서비스 판매를 위한 마케팅 방법들을 앱 마케팅에 그대로 적용하면 안 되는가? 마케팅이라는 것이 소비자의 구매를 유도하는 것이기 때문에 다 똑같은 방법이 아닌가? 꼭 그렇지 않다. 상품의 특징, 판매 장소 등 환경에 따라 마케팅 방법을 달리해야 한다. 소비자가 상품이나 서비스를 구매할 때 고려하는 요소 등 의사결정 포인트가 마케팅 환경에 따라 다르므로 상품이나 서비스별로, 마케팅 환경별로 다른 방법을 사용해야 한다.

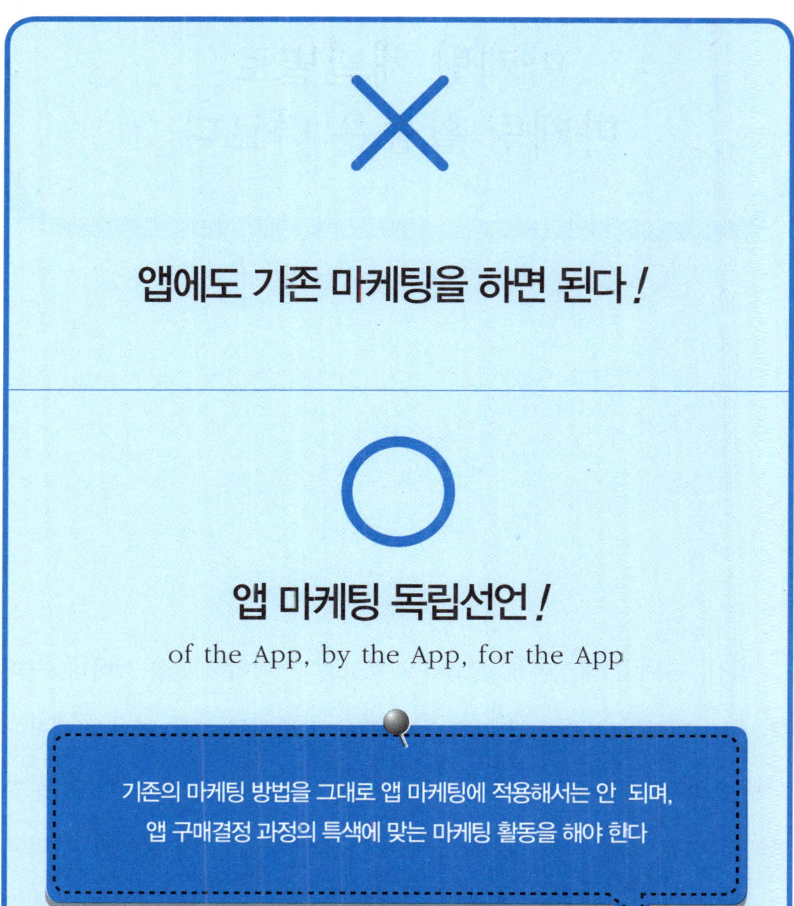
앱에도 기존 마케팅을 하면 된다 !

앱 마케팅 독립선언 !
of the App, by the App, for the App

기존의 마케팅 방법을 그대로 앱 마케팅에 적용해서는 안 되며,
앱 구매결정 과정의 특색에 맞는 마케팅 활동을 해야 한다

마케팅 채널별로 마케팅 활동은 다르다

'맥심', '카누', '네스카페' 등의 TV 광고를 본 기억이 있을 것이다. 커피는 마트, 백화점 식품관, 편의점 등 주변에서 별다른 고민 없이 구매하는 저관여 상품이다. 저관여 상품이란 구매를 할 때 상품 정보 검색, 다른 상품과의 비교 등의 행위 없이도 구매하는 상품이다. 쉽게 말하면, 별다른 고민 없이 습관처럼 또는 손이 가는 대로 구매하는 상품을 의미한다. 소비자가 습관처럼 구매하도록 하기 위해서는 상품 브랜드가 무의식중에 소비자에게 상기想起되어야 한다. 따라서 소비자가 상품을 볼 때 자사 브랜드를 가장 먼저 떠올릴 수 있도록 브랜드 중심의 마케팅을 한다.

즉, 인기 연예인을 모델로 하는 TV 광고를 통해 브랜드를 기억시키고자 한다. 그러면 커피 구매 시 그 연예인이 상기가 될 것이고, 자연스럽게 해당 연예인이 광고한 상품을 구매하게 된다. TV 광고를 통해 브랜드를 소비자의 기억에 각인시키면 광고된 브랜드가 무의식에 남게 되고, 상품을 선택할 때 해당 브랜드를 선택하게 되는 것이다. 물론 꼭 연예인과 같은 모델을 써야만 광고가 기억 속에 남는 것은 아니다. 광고를 통해 상품이나 브랜드를 소비자의 머릿속에 새기기만 하면 자연스럽게 상품 구매로 이어지기 때문에 다양한 방법을 사용해서 기억에 남기려고 한다. 노래를 들려주기도 하고 또는 웃기기도 하고, 소비자의 꿈이나 희망('나도 저렇게 멋지게 살고 싶다'와 같은 이상적인 모습이나 꿈)을 보여주기도 하고, 때로는 소비자의 감성을 자극하기도 한다.

하지만 브랜드 광고가 항상 작동하는 것은 아니다. 광고가 아주 좋을 경우(각인이 잘 될 경우) 소비자들은 광고만 기억하고, 광고에서 전달하려는 메시지는 기억을 못 하기도 한다. 그 대표적인 예가 롯데칠성음료 델몬트 주스 광고다. 롯데칠성음료 델몬트는 가장 좋은 오렌지를 사용해서 주스를 제조하고 있다는 내용의 메시지를 소비자에게 전달하려고 했다. 그런데 광고에서 사용되었던 '따봉'(포르투갈어로 원래는 'Está bom'이다. 브라질에서 '에스[Es]' 발음을 생략하는 경향이 있어서 'Tá bom'이라고 말하며, '최고'의 의미가 있다.)이라는 단어가 너무 각인되어버려 오렌지 주스 제품을 보면 브랜드인 '델몬트'보다 '따봉'이라는 단어를 더 잘 떠올리게 된 경우다. 지금도 여전히 '따봉'이라는 말을 사용하는 사람이 있다.

롯데칠성음료 델몬트 주스 TV 광고 '따봉'의 한 장면

26년이 지났는데도 여전히 기억하고 사용하고 있다니, 얼마나 머리에 새겨진 기억이 오래가는지 알 수 있다. 그래서 오늘도 소비자의 기억에 브랜드나 상품을 각인시키기 위해 광고업에 종사하는 사람들은 머리를 싸매고 있다.

마트에서 이루어지는 마케팅 방법은 다르다. 마트에서는 판매 중심의 마케팅이 이루어진다. 소비자와 만나는 판매 현장에서 구매를 유도하기 위해 다양한 방법을 활용한다. TV 광고 등의 브랜드 마케팅을 통해 소비자들의 머릿속에 각인된 브랜드가 떠오르지 않도록 여러 가지 판촉활동을 한다. 대표적인 활동 몇 가지를 살펴보면 마트 대부분에서 커피 시음회를 하면서 판매를 한다. 또 사은품을 제공하거나 추가 상품을 제공해서 구매 유도를 하기도 한다. 커피믹스 100개가 들어 있는 상자를 보면, 『10개 +』 이런 표시들이 있다. 또는 100개들이 커피믹스 종이상자에 자그마한 커피믹스 상자가 테이프로 감겨 있는 경우도 있다. 때로는 텀블러나 커피잔을 사은품으로 주기도 한다.

온라인 쇼핑몰에서 커피믹스를 검색해 보면 그곳에서 어떤 마케팅 방법을 사용하는지 알 수 있다. 다음 페이지의 사진에서 보는 것처럼 온라인 쇼핑몰은 대부분 가격 광고를 한다. 누가 얼마큼 싸게 팔고 있는지에 대한 내용이다. '배송비 무료', '추가 할인' 등 다양한 방법을 사용해서 저렴하다는 가격 할인에 대해 홍보를 하고 있다

이제 이해가 되는가? 같은 상품을 가지고도 상이한 마케팅 환경에서는 다르게 마케팅을 한다는 사실을 알게 되었을 것이다. 이는 앞서 말한 대로

소비자들의 행동 패턴, 구매를 결정하는 요인 등이 상품에 따라, 또는 구매 장소에 따라 다르기 때문이다. 홈쇼핑에서 할 수 있는 마케팅 방법을 테이크아웃 Take-out 커피 전문점 마케팅에 활용할 수 없다.

동일 상품도 마케팅 환경에 따라 다른 마케팅 방법을 사용하는데, 완전히 성격이 다른 앱 마케팅에 상품이나 서비스를 위한 마케팅 방법을 적용하면 되겠는가? 상품을 구매할 때 소비자들은 상품별로 다른 구매 행동 및 의사결정 과정을 보이기 때문에 각각의 구매 행동 및 의사결정 과정에 맞는 마케팅을 시행해야 한다. 따라서 효율적인 마케팅 방법을 찾아내기 위해서 소비자(사용자)가 어떤 과정을 거쳐 앱을 구매하는지, 어떤 의사결정 과정을 거치게 되는지 등에 대해 알아야 한다.

온라인 쇼핑몰의 가격 비교 광고의 예시

소비자의 선택은?

소비자가 상품이나 서비스를 구매할 때 의사결정 포인트가 마케팅 환경에
따라 다르기 때문에 상품, 서비스별로, 마케팅 환경별로 상이한 마케팅
방법을 사용해야 한다.

상품 구매 결정 과정을
알아라

당신은 어떤 과정을 거쳐 상품을 구매하는가? 상품에 따라 다르지만 일반적으로 그냥 몇 가지 종류를 비교해 보고 그중 더 나은 것을 선택할 것이다. 좀 더 자세히 구매결정 과정에 대해 살펴보고, 각 구매 단계별로 어떤 마케팅 활동이 주로 이루어지는지 알아보도록 하자. 당신도 상품(제품)을 구매할 때의 결정 과정을 다른 노트에 기록해 보라!

당신이 지금 사용하고 있는 이어폰이 오래돼서 피복이 벗겨져 있다고 가정하자. 출근길에 많은 사람이 목에 무엇인가를 걸고 이어폰을 꽂고 대중교통을 이용하고 있는 모습을 자주 본다. 좋은 이어폰 하나쯤 구매해야겠다는 생각이 들 것이다. 비용 부담이 있을 것 같아 며칠 동안 계속 생각만 하고 있다. 지금 사용하고 있는 이어폰은 스마트폰 구매 시 같이 있던 것이라 별로 음질이 좋은 것 같지도 않고, 출근길 지하철에 사람이 많을 때는 다른 사람의 가방에 걸려서 이어폰이 잘 빠지기도 한다. 그런데 블루투스 이어폰을 보면, 블루투스로 연결되어 있어 가방에 걸리는 경우는 없는 것 같다. 모처럼 큰맘 먹고 블루투스 이어폰을 구매하기로 했다.

블루투스 이어폰을 구매하기로 마음먹고 가장 먼저 하는 일은, 블루투스 이어폰에 대해서 살펴보는 것이다. 블루투스 이어폰의 종류에는 어떤 것이 있고, 어떤 상품이 좋은지 찾아본다. 때로는 주변 친구나 지인 중에 블루투스 이어폰을 사용하는 사람이 있는지 확인하고, 어떤 브랜드를 사용하고 있는지 물어본다. 어떤 브랜드가 좋고, 사용상의 불편한 점은 없는지 알아본다. 지인 또는 친구로부터 정보를 얻는다. 운이 좋다면, 어디서 구매하는 것이 저렴한지에 관한 정보도 추가로 얻을 수 있다. 지인이나 친구로부터 정보를 얻었더라도 다시 한 번 확인하기 위해서 인터넷 검색을 해 본다. 블루투스를 이용하는 다른 사람으로부터 친구, 지인에게서 못 들었을지 모르는 추가 정보를 얻기 위해서이다. 열심히 검색해서 블로그도 찾아보고, 사용 후기도 읽어본다. 때로는 블루투스 제조사에서 협찬을 받고 적은 듯한 블로그를 보기도 한다. 검색해 보니 2만 원대에서부터 10만 원이 넘는 고가의 제품까지 있다. 어떤 것이 좋은지 판단을 못 하겠다. 10만 원이 넘는 고가의 제품은 왠지 디자인도 좋고 품질도 좋을 것 같은데 가격이 너무 비싼 것 같고, 저렴한 것을 구매하자니 품질에 믿음이 가지를 않는다. 하루 만에 결정하지 못한다. 1주일 이상을 결정하지 못하고 3~4번 검색을 해 본 것 같다. 그래도 결정하기 위해 친구들에게 물어본다. 카톡으로 어떤 것이 좋은지 친구들에게 물어본다. 친구들의 답변도

각양각색이다. 정말 결정하기가 어렵다고 느낀다. 또 지금 자신의 경제적 형편도 생각한다.

모든 것을 종합적으로 검토한 후 A 사 제품을 구매하기로 최종 마음을 정했다. 하지만 구매 결정에 자신이 없다. 그래서 직접 음질을 들어 보기로 한다. 주말에 시간을 내어 집 근처에 있는 대형 마트 또는 전자제품 대리점에 간다. 가서 직접 음질을 들어볼 수 있는지 확인하고(몇몇 제품은 음질 확인이 불가능한 것도 있다)서 가격까지 비교해 본다. 가격을 보고, 현장에서 스마트폰으로 몇 군데 쇼핑몰에 들어가서 동일 제품의 가격을 확인한다. 역시 온라인 쇼핑몰이 더 저렴하다는 것을 알 수 있다. 대리점 직원에게 온라인 쇼핑몰과 같은 가격에 구매할 수 있는지 확인을 한다. 운이 좋다면, 같은 가격에 구매할 수 있을 것이다. 그러나 대부분은 같은 가격에 구매할 수가 없다. 잠시 망설인다. 전자제품 대리점(유통점)에서 구매하면 현장에서 바로 사용할 수 있다. 온라인 쇼핑몰에서 구매하면 이틀을 기다려야 한다. 빨라도 최소 하루 이상은 기다려야 한다. 고민이다. 가격 차이가 크게 나서, 이틀 동안 꾹 참기로 한다. 이틀을 참아서 만원을 절약할 수 있으면 그게 어디냐고 생각한다. 이틀 동안 기분 좋게 기다린다. 온라인에서 구매 후 언제 배송이 되는지 확인한다. 스마트폰으로 배송 예정 메시지가 오므로 언제 상품이 도착할지 알 수 있어서 좋다. 기다리는 이틀 동안 새 제품을 사용해 볼 수 있다는 기대감에 기분이 좋다.

집에 도착한 블루투스 이어폰 상자를 조심스럽게 풀어서 설명서를 아주 찬찬히 읽어본다. 사용법을 파악하고, 드디어 사용한다. 전에 알지 못했던 새로운 세상을 알게 된 기분이다. 여러 가지 음악을 들으면서 음질을 시험해 본다. 락음악부터 지금까지 1년에 한두 번 들었던 클래식까지 들으면서 음질을 확인해 본다. 볼륨Volume을 최대로 올리기도 해 보고, 베이스BASS를 최대로 해서 확인한다. 베이스가 약간 부족한 부분이 있지만, 가격 대비 대체로 만족스럽다. 이어폰 디자인도 쇼핑몰에서 보았던 모습과 차이가 나지 않는다. 전반적으로 구매를 잘했다는 생각이 든다.

좋은 제품을 구매했다는 생각에 주변에 알려 주어야겠다는 생각도 든다. 친구들에게 이 제품을 추천해 주고 싶다는 생각도 든다. 내가 아주 물건을 잘 구매하는 사람이라고 알리고 싶기도 하다. 카톡으로 친구들에게 A사 제품을 구매했다고 전하고, 처음 사용해 본 소감에 대해서 장황스럽게 이야기한다. 친구들이 궁금해하는 점에 대해서도 친절히 설명해 준다. 쇼핑몰에서 구매 후기 및 상품 리뷰를 작성해 주면 포인트를 주겠다는 메시지가 온다. 구매 후기 및 상품 리뷰를 작성하려고 하니, 구매한 온라인 쇼핑몰에 다시 로그인해야 하는 게 번거롭기도 하고 귀찮기도 하지만, 제품이 마음에 들었기 때문에 기꺼이 작성해 주어야겠다고 생각을 한다. 더군다나, 상품 리뷰를 작성하면 나중에 구매할 때 사용할 수 있는 포인트를 많이 주니 일거양득인 것 같다.

상품 구매 과정

상품을 구매하는 과정을 이야기해 보았다. 조금 장황하지만, 위에서 언급한 것들이 대부분 소비자가 상품을 구매할 때 거치게 되는 결정 과정이다. 좀 더 간략하게 단축을 하면 다음과 같다.

상품 구매의 과정

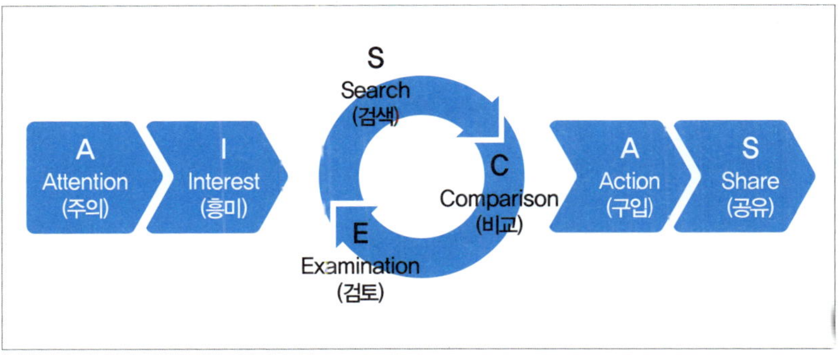

앞서 이야기한 복잡한 상품 구매 과정은 위와 같은 단계의 매우 단순한 과정으로 축약할 수 있다.

이러한 상품을 구매하는 과정을 다음 그림과 같이 AISAS(또는 AIDMA) 라고 한다. AISAS는 Attention, Interest, Search, Action, Share 과정의 약자이다. AIDMA는 Attention, Interest, Desire, Memory, Action 과정이다. 때로는 Attention과 Interest를 합쳐서 같은 과정으로 보기도 한다. 상품(제품)

을 구매할 때, 소비자 스스로는 깨닫지 못하지만 대체로 위의 과정을 거쳐서 구매한다.

AISAS

Attention(주목) ▶ Interest(흥미) ▶ Search(검색) ▶ Action(구매) ▶ Share(공유)

AIDMA

Attention(주목) ▶ Interest(흥미) ▶ Desire(욕망) ▶ Memory(기억) ▶ Action(구매행동)

좀 더 자세히 살펴보도록 하자.

주변에서 마음에 드는 상품을 보거나 광고나 홍보 등을 통해 상품에 대해 흥미를 느끼게 되거나, 또는 위의 이어폰의 경우처럼 교체 필요성을 느끼는 과정이 Attention 또는 Interest 과정이다. 즉, 특정 상품에 대해 인지를 하고, 구매의 필요성을 느끼는 과정이다. 인지 과정 다음에는 상품에 대해서 알아보는 탐색 과정이다. 위에서 언급하는 것처럼 어떤 상품이 좋은지, 상품의 특색은 어떻게 되고 가격은 어떻게 되는지 등을 찾아보는 단계다. 다음은 상품을 직접 구매하는 단계다. 마지막으로 구매한 상품을 사용하고, 사용 소감 등을 다른 사람들에게 알려주고 공유하는 단계다.

소비자들이 상품 구매를 그냥 쉽게 할 것 같지만 그렇지 않다. 구매 결정 과정 각 단계에서 최선의 선택을 하려고 노력한다. 여러 가지 선택 사항을 서로 비교하여 장·단점을 파악하기도 하고, 주변 지인들의 경험을 통해 확인하며, 구매 후기 등을 참조하여 구매 결정을 한다. 따라서 소비자들의 상품 구머 과정 단계별로 적절한 마케팅 활동이 이루어지지 않으면 상품은 선택을 받기가 어려워진다. 그래서 소비자들이 자사 브랜드 또는 상품을 선택하도록 상푼 구매 결정 과정 각 단계에서 마케팅을 통하 소비자의 결정에 영향을 주려고 한다. 각 단계에서 결정 과정에 영향을 줄 수만 있다면, 자사의 제품들 구매할 수 있게 유도할 수 있기 때문이다.

상품 구매 과정별 마케팅 활동

인지 단계

인지 단계에서는 각종 옥외 광고, 신문, TV 광고 등의 마케팅 활동이 이루어진다. 포털 사이트 배너를 통한 광고 등도 여기에 해당한다. 심지어는 친구들이 추천하거나 사용 경험담을 이야기하는 것도 포함된다. 당신이 상품 구매 후 상품과 관련하여 친구들에게 공유하는 일도 마케팅 활동이다. 바이럴Viral이라는 멋있는 이름으로 불리기는 하지만 말이다. 광고 외에도 블로그를 통해서 홍보하는 활동 또는 스포츠 스타와 연예인들이 착용하고 나오는 패션 등도 해당한다. 소비자에게 필요성을 인지시켜야 하므로, 치열하게 마케팅 활동이 이루어진다. 수영선수인 박태환이 시합 전에 집중을 위해 착용하고 나온 닥터드레 헤드폰이 인기를 끌었던 적이 있다. 또한 TV 드라마가 인기를 끌면 주인공이 입었던 옷, 액세서리 등이 엄청난 유행을 일으키기도 한다. 그래서 연예인, 스포츠 스타에게 각종 협찬 요청이 가는 것이다.

탐색 단계

탐색 단계에서는 주로 인터넷 검색이 이루어짐에 따라 소비자의 눈에 잘 띄도록 해주는 검색 광고(파워링크 등), 파워 블로거들의 블로그 등을 통한 마케팅이 쉴새 없이 이루어진다. 요즈음 파워 블로거들에 대한 신뢰가 많이 없어지기는 했지만, 과거 몇몇 블로거들이 사용 후기를 어떻게 올리느냐에 따라 상품의 판매에 엄청난 영향을 주었던 적이 있다. 몇 번의 불미스러운 사고가 있고 나서는 소비자들이 무조건 신뢰하지도 않고, 블로거들도 블로그에 상품 협찬을 받고 사용 후기를 등록한다는 메시지를 남기기도 한다.

구매 단계

구매 단계에서는 가격 할인, 1+1, 상품 체험 등의 활동이 이루어진다. 대형마트에서 볼 수 있는 시음회나 시식회 등의 체험행사, 1+1 등의 활동이 여기에 해당되며, 온라인 몰에서 이루어지는 무료 배송, 신용카드 추가 할인, 공동구매 등의 활동도 해당된다. 앞서 탐색 단계에서 어느 정도 제품(브랜드를 포함) 선택이 이루어졌다고 하더라도, 제품 구매 단계에서 가격 할인 등 프로모션에 따라 소비자의 최종 결정이 바뀌기도 한다.

공유 단계

공유 단계에서도 마케팅 활동이 이루어진다. 소비자들이 탐색 단계에서 타 사용자들이 작성한 사용 후기 등을 참조해서 상품을 선택하기 때문에, 사용자들에게 소정의 혜택을 제공해 주고 사용 후기를 작성하도록 유

도한다. 또한, 재구매를 유도하기 위한 각종 멤버십, 적립 포인트 제공 등
이 여기에 해당하는 마케팅 활동이다.

지금까지 일반적으로 이루어지는 상품 구매 결정 과정과 각 단계에서
이루어지는 마케팅 활동에 대해서 간략하게 살펴보았다. 그럼 앱 구매를
결정하는 과정은 어떻게 될까? 구매 결정 과정을 알아야 거기에 적합한
마케팅 활동을 계획하고 실행할 수 있다.

상품 구매 결정 과정 및 특징

☑ 상품 구매는 상품에 대해 인지, 흥미를 느끼고, 이에 대한 검색 및 비교를 통해 구매할 대상을 결정하고서 구매 및 사용하고 구매 경험을 공유하는 AISAS(Attention, Interest, Seach, Action, Share)의 5단계 과정을 통해 이루어진다.

☑ 과정별로 다양한 마케팅 활동이 이루어진다.

☑ 상품의 탐색 과정에서 장·단점 비교, 주변 평가 등 시간과 노력을 많이 들여 평가한다.

☑ 상품 구매 후 추가적인 상품 검색 등을 통해 구매를 합리적으로 했는지 평가한다.

☑ 스스로 구매한 상품에 대해서 애착을 갖으며, 쉽게 상품을 변경하지 않는다.

☑ 상품 판매 채널이 다양하고, 각 채널별로 진행되는 마케팅 방법이 다르다.

앱 구매 결정 과정을 알라

스마트폰에서 앱을 내려받고 실행했던 과정을 떠올려 보아라. 어떤 과정을 거쳐 앱을 내려받았는지, 그냥 아무 생각 없이 앱 스토어에서 내려받지는 않았을 것이다. 분명 몇몇 과정을 거쳤을 것이고 각 과정에서 의사결정을 했을 것이다.

지금부터 앱 구매(앱은 구매보다 내려받기로 표현하는 것이 맞으나, 내려받기 후 사용이라는 의미에서 구매로 이야기하도록 하겠다)는 어떤 과정을 통해 이루어지고 각 과정에서 어떤 마케팅 활동이 이루어지는지 알아보도록 하자.

앱을 개발하기 위해서는 많은 시간과 노력이 필요하다. 그래서 당신은 시간관리를 철저하게 하려고 한다. 시간관리에 도움을 받기 위해서 당신이 해야 할 일을 정리하고 관리해 주는 일정관리 앱을 내려받으려고 한다. 어떤 앱이 가장 좋은 앱인지를 모르기 때문에 주변 지인들에게 일정관리 앱을 사용하고 있는지 확인하고, 어떤 앱이 좋은지 물어본다. 주변에 확인해 보니, 사용하는 앱들이 천차만별이다. 사람에 따라 사용하는 앱이 다르다. 대충 2~3개의 앱으로 정리하고 구글 플레이 스토어에 들어가서 '일정관리'라는 키워드로 검색해 본다. 앱 이름을 정확히 알고 있다면 앱 이름으로 검색을 한다. 많은 수의 사용자는 사용하는 앱의 이름을 정확히 알지 못하고 대략적으로 알고 있다. 구글 플레이 스토어에서 일정관리라는 이름으로 검색해 보면 100개 이상의 앱이 나온다. 이 중 주변 지인들에게 들었던 것과 비슷한 이름을 가진 앱을 선택한다.

앱 선택 후 사용자들이 남긴 후기를 살펴보고, 아주 간략하게 나온 앱에 대한 소개를 읽어본다. 사용 후기는 좋은 내용과 좋지 않은 내용이 섞여 있다. 선택하는 데 심각하게 참조하지는 않는다. 앱을 내려받고 설치를 한다. 설치하고 나서, 앱 검색 시 나온 리스트에 다시 한 번 들어가 본다. 1위부터 10위 안에 들어가 있는 앱들을 선택하고 마찬가지로 앱에 대한 소개 및 사용 후기 등을 살펴본다. 그중 마음에 드는 2~3가지 앱을 내려받고 설치를 추가로 한다.

앱 설치가 마무리되면 앱을 실행한다. 실행하고 나서 이것저것 사용을 해본다. 앱 설치 시 사용방법이 먼저 나오기는 하지만, 그냥 신경을 쓰지 않는다. 설명을 꼼꼼히 읽어보는 것보다는 직접 이것저것 사용해 보는 것이던 낫다. 앱을 사용할 때마다 항상 느끼는 것이지만 초기 화면에 나오는 앱 설명은 항상 충분하지 않고, 설명을 봐도 무엇이 무엇인지 모를 때가 많다.

직접 사용해 보면서 얻는 경험이 훨씬 이해가 잘 되는 것 같다. 때론 직접 사용하면서 숨겨져 있는 기능을 알아내기도 한다. 이 기능 저 기능을 사용해 보면서 대략적인 사용법을 익혔다. 그런데 나에게 필요한 기능이 다 있는 것 같지는 않다. 그래서 A 앱 설치 이전에 내려받아 놓았던 B 앱도 실행해 보고 기능 등을 사용해 본다. 그냥 별로 차이가 없는 것 같다. 다 거기서 거기란 생각이 든다. 그래서 B 앱을 삭제한다. 앱을 사용한 지 일주일이 지났다. 기대했던 것보다 좋은 기능은 별로 없는 것 같다. 특히, A 앱을 지인들이 이야기했던 것과는 달리 나에게 맞지 않는 것 같다. 시간이 지날수록 점차로 사용하지 않게 된다.

앱을 구매하는 과정 역시 조금 장황하게 이야기가 되었지만, 당신이 앱을 알게 되고 설치 및 사용하는 과정도 위에서 이야기한 것과 별 차이가 없을 것이다. 위의 앱 구매 과정을 간략하게 정리해 보면, 앱의 필요성을 느끼고, 필요한 앱을 검색하고, 내려받은 후 사용하는 3단계로 정리할 수 있다. 앱 사용 후 삭제 또는 내버려두는 과정을 별도로 분리하면 4단계 과정이 된다. 좀 더 자세히 살펴보자.

인지 단계

앱의 구매·사용 결정의 첫 번째 단계는 앱의 필요성을 느끼는 과정인 인지 단계이다. 그런데 앱 구매 결정 과정에서는 상품 구매 결정 과정는 달리 항상 인지 과정이 발생하는 것은 아니다. 구글 플레이 스토어를 검색하다가 새로 나온 앱을 보고 내려받아 설치하는 경우도 있고, 또는 휴대전화를 변경하거나 새로 구매했을 때나 이미 휴대전화에 설치되어 있는 앱도 있어, 앱 구매 결정에는 항상 인지 단계가 발생하는 것은 아니다. 인지 단계에서 가장 쉽게 이루어지는 마케팅 활동은 제품과 마찬가지로 광고이다. 광고에는 TV 광고부터 모바일 및 포털 사이트의 배너 광고, 또는 앱의 내려받기 및 실행을 유도하는 리워드 광고 등 다양한 형태가 있다. 최근 들어 앱 관련 TV 광고가 많이 이루어지고 있다. 배달류 앱, 모바일 게임, 가장 최근에는 모바일 보안 관련한 앱 광고가 많이 보인다.

탐색 단계

다음 단계로는 구글 플레이 스토어에서 필요한 앱을 찾아보는 앱 탐색 단계이다. 앱 탐색 단계에서는 특별한 마케팅 활동이 발생하지 않는 것처럼 보이지만 마케팅 활동이 가장 중요한 단계이다. 이 단계에서는 앱을 등록할 때 검색이 잘되도록 앱 설명 문구 등을 명확히 정리하는 내부적인 활동이 발생한다. 이를 ASO(App Store Optimization)으로 통칭한다. 앱 스토어나 구글 플레이 스토어에서 사용자의 눈에 좀 더 잘 띄도록 하는 방법이다. 이러한 ASO 역시 마케팅 방법의 하나로 봐야 한다. ASO의 구체적인 방법에 대해서는 나중에 설명하도록 하겠다.

사용 단계

이제 앱을 내려받고 사용하는 단계이다. 리워드 앱을 통해서 앱 내려받기 및 실행의 대가로 포인트 또는 현금을 지급하는 활동을 하기도 한다. 이런 활동은 인지 단계에서 이루어지는 리워드 광고와 동일한 마케팅 활동이다. 사용 후 공유 단계에서는 친구에게 추천하면 혜택이나 포인트를 제공해 주는 활동을 한다. 때로는 리워드 앱을 통해서 이루어지기도 한다.

위와 같이 앱 구매 결정 과정은 3단계 또는 4단계로 구분할 수 있다. 3단계로 구분할 경우 인지(Attention), 탐색(Search), 사용(Use), 또는 인지와 탐색을 하나로 합쳐서 인지(Attention), 사용(Use), 공유(Share) 등으로 구분하기도 하지만, 앞서 언급한 것처럼 단계를 나누는 것이 무의미하다. 탐색이 이루어지는 과정에서 인지가 발생하기도 하고, 때로는 인지와 구매가 같이 이루어지기도 하기 때문이다.

- ☑ 앱의 필요성을 느끼고, 필요 앱을 검색하고, 내려받기 후 사용하는 3단계의 과정을 통해 앱을 구매하지만, 단계를 나누는 것이 무의미할 경우가 많다.
- ☑ 탐색 단계에서는 특별한 마케팅 활동이 발생하지 않지만, 마케팅 활동이 가장 중요한 단계이다.
- ☑ 앱 구매에는 비용이 거의 들지 않아 앱 구매 전 비교, 탐색 활동이 활발하지 않다.
- ☑ 소비자는 앱을 다운받아 직접 사용해 보고 앱에 대한 평가를 한다.
- ☑ 앱 구매에는 주변 사람들의 영향을 많이 받는다.
- ☑ 앱 구매 후 구매행위에 대한 평가를 하지 않는다.
- ☑ 앱 설치 후 삭제 및 방치에 대한 부담이 전혀 없다.
- ☑ 앱 사용을 중단하고 다른 앱으로 전환하는 비용, 즉 Switching Cost가 거의 발생하지 않는다.
- ☑ 앱은 구글 플레이 스토어, 애플 앱 스토어, 원 스토어, 네이버 스토어 등 특정 채널에서만 판매가 가능하다.

상품 구매 결정 과정 vs 앱 구매 결정 과정

앞서 상품 구매 결정 과정 및 앱 구매 결정 과정에 대해서 간략히 살펴보았다. 구매 결정 단계 및 각 구매 과정에서 보이는 소비자의 행동 패턴이 명확히 다르다는 것을 알 수 있었을 것이다. 조금 더 알기 쉽게 정리를 해 보자.

구매 비용이 발생하지 않는다

앱 구매에는 비용이 거의 들지 않는다. 몇몇 유료 앱을 제외하고는 거의 무료로 구매할 수 있다. 앱의 부분 유료화 정책, 즉 처음으로 사용하거나 기초Basic 버전은 무료로 사용할 수 있도록 하는 정책을 대부분의 앱이

채택하고 있다. 일부 게임 중에는 유료로 구매하는 게임 앱이 있기는 하지만, 대부분의 유틸리티^{Utility} 앱은 무료로 사용할 수 있다.

구매 시 비용이 전혀 들지 않기 때문에 상품과는 다르게 앱 구매 전 비교, 탐색의 활동이 활발히 발생하지는 않는다. 그냥 내려받고 직접 사용해 본다. 소비자 본인이 직접 사용해 보고 판단하는 것처럼 가장 정확히 장·단점을 아는 방법이 어디에 있겠는가? 그래서 소비자 대부분은 별다른 고민 없이 쉽게 내려받고, 즉 구매하고 사용해 본다. 소비자들이 앱 구매와 상품 구매 시 보이는 행동의 가장 큰 차이점이다.

주변 사람들의 입김이 작용한다

앱 구매에는 주변 사람들의 영향을 많이 받는다. 주변 지인들이 그냥 이런 앱이 있는데 괜찮으니 한 번 사용해봐 하면, 대부분 별생각 없이 따라 한다. 처음에 언급했던 것처럼, 비용이 들지 않기도 하고 사용해 보고 마음에 들지 않으면 사용을 하지 않으면 되기 때문이다. 하지만 상품은 그럴 수가 없다. 구매에는 반드시 비용이 들어가고, 단지 마음에 들지 않는다고 사용하고 나서 쉽게 구매 취소를 요청할 수가 없다. 요즈음 사용하고 나서 구매 취소, 즉 환불을 요청하는 소비자들이 종종 있기는 하다. 이런 소비자는 마케팅을 하는 사람의 입장에서 보면 피하고 싶은 소비자이다.

앱 구매에는 별다른 비용, 시간 등 나의 수고 없이 쉽게 사용해 보고 판단할 수 있기 때문에 주변 사람에게 영향을 자주 받는다. 소비자의 입소문을 활용한 바이럴 마케팅을 잘 활용하면 좋은 성과를 얻을 수 있는 것도 소비자의 이러한 성향 때문이기도 하다.

비교·검색을 하지 않는다

소비자는 앱을 구매할 때 비교·검색 등의 탐색 과정을 거치지 않는다. 상품을 구매할 때는 검색을 통해 가격, 디자인, 기능 등 여러 가지를 비교해서 나에게 맞는 것을 찾기 위해서 노력한다. 즉, 탐색 과정에 많은 시간과 노력을 들이지만 앱을 구매할 때는 전혀 그렇지 않다. 당신은 앱을 구매(내려받기)하는 데 많은 시간과 노력을 들여 앱을 비교·검색하는가? 그렇지 않을 것이다. 필요한 앱인지를 판단하기 위하여 여러 가지 앱을 검색해 보고, 앱에 대한 평가를 비교해 보고, 리뷰를 읽어보고 하지는 않는다. 필요한 앱이 있거나 추천을 받으면 앱에 대해 검색을 하고, 앱 설명을 읽어보고, 내려받아 설치하고, 사용해 본 후에 판단한다. 그래서 앱 탐색 과정에서는 마케팅 활동을 잘 하지 않는 경향이 있다. 반대로 앱을 탐색하는 과정이 중요한 마케팅 기회이기도 하다. 남들이 마케팅 활동을 하지 않기 때문에 약간의 마케팅 활동으로도 좋은 성과를 얻을 수 있다. 탐색 과정에서의 마케팅 방법에 대해서는 PART 04를 참조하면 된다.

구매 행위를 평가하지 않는다

소비자는 앱을 구매 후 구매가 옳았는지 또는 잘못한 것은 아닌지 등의 평가를 하지 않는다. 하지만 상품을 구매하고 나서는 구매를 잘한 것인지,

혹은 잘못 산 것 아닌지 등 자신의 구매 행위에 대해 평가를 한다. 상품을 구매한 이후에 제품의 가격 등에 대해 추후 검색해 보기도 한다. 저렴하게 구매했는지, 아닌지를 판단하기 위해서 말이다. 자신이 구매했던 가격보다 더 저렴한 곳이 발견된다면, 스스로 구매한 제품과 저렴한 제품을 비교해서 저렴한 제품을 더 나쁘게 평가하는 경우도 있다. 왜냐하면 똑같은 제품을 비싸게 구매했다고 하면, 대안을 비교·선택하고 판단해서 스스로 한 구매 행동이 불합리하게 느껴지기 때문이다. 사람들은 무의식적으로 스스로 판단해서 한 행동이 합리적 행동이었을 것이라고 믿고 싶어한다. 그런데 이런 행동이 비합리적이고 옳지 않은 행동이었다고 판단되면 심리적으로 불편해한다. 이를 인지부조화라고 한다. 그래서 가격 외에도 다른 여러 가지 이유를 들어 구매 행동을 합리화하려고 한다. 당신 역시 상품 구매 후 나름대로 제품 구매 이유에 대해 마음속으로 여러 가지 이유를 생각해 본 경험이 있을 것이다. '이 제품은 디자인이 마음에 들어', 또는 '다른 것보다 저렴하게 구매했어' 등 여러 가지 이유를 만들어 구매 행동을 합리화하고자 했을 것이다.

반면에 앱 구매 후에는 구매 행동을 합리화하기 위한 어떠한 행위 자체도 일어나지 않는다. 앱을 설치 후 마음에 들지 않으면 바로 삭제하면 되기 때문에 여러 가지 이유를 만들어 자신의 구매 행위를 합리화할 필요가 없게 된다. 따라서, 소비자 입장에서는 앱 구매에 대한 비용이나 노력이 들지 않기 때문에 앱 설치 후 삭제하거나 또는 방치하는 등의 행위에 대해 전혀 부담을 갖지 않는다. 그래서 앱 마케팅에서 앱 내려받기라는 소비자의 행위보다. 오히려 앱 사용이라는 행동이 더 중요하다. 이에 대해서는

PART 03에서 더 자세히 설명하도록 하겠다.

전환비용이 발생하지 않는다

앱 구매에는 시간, 노력, 비용 등의 투입 없이 아무 때나 내가 필요한 앱을 찾고 사용할 수 있기 때문에 앱을 사용하는 중에라도 다른 앱으로 쉽게 빠져나갈 수 있다. 앱은 사용을 중단하고 다른 앱으로 전환하는 비용, 즉 전환비용^{Switching Cost}이 거의 발생하지 않기 때문에 쉽게 앱 사용을 바들 수 있다.

반면, 상품 구매에는 시간, 노력, 비용 등이 들어가기 때문에 사용하는 상품을 변경하는 데 전환비용이 발생한다. 따라서 사용 전환에 따른 이득이 전환비용보다 크지 않으면 사용 전환을 하지 않는다. 경쟁이 치열한 이동전화, 인터넷 등을 보면 쉽게 이해가 된다. 이동통신 회사를 바꾸는 절차가 그리 간단하지 않지만, 번호이동을 통해 얻을 수 있는 이득이 더 크면 쉽게 옮겨간다. 따라서 이동통신 회사에서는 전환비용을 높이기 위해 가족 결합 할인, 멤버십 등을 계속해서 강화하고, 반대로 전환에 따른 이득을 크게 제공하려고 노력한다. 인터넷 회선의 경우도 마찬가지이다. 인터넷 회선 전환에 따른 전환비용과 이득을 비교하여 소비자들은 선택한다. 따라서 전환비용을 높이는 활동이 중요한 마케팅 방법의 하나다. 이에 대해서 PART 04에서 더 자세히 설명하도록 하겠다.

유통 채널이 다르다

앱과 상품은 구매 결정 과정뿐만 아니라, 판매되는 환경(유통 채널)도 다르다. 상품은 다양한 장소에서 판매가 가능하다. 앞서 언급했던 블루투스 이어폰을 보자. 판매가 가능한 곳이 온라인 쇼핑몰, 대형마트, 전자제품 대리점, 또는 브랜드 홈페이지 등 다양하다. 반면에, 앱은 구글 플레이 스토어, 애플 앱 스토어, ONE 스토어, 네이버 스토어 등 특정 채널에서만 판매가 가능하다. 당신이 판매를 하고 싶다고 해서 아무 곳에서나 판매할 수가 없다. 리워드 앱을 통한 내려받기 유도 및 배너 광고, 모바일 광고 등을 통한 내려받기 유도는 가능하지만, 결국 앱을 내려받기 위해서는 앱 스토어로 연결되어야 한다. 앱 판매가 가능한 곳이 한정되어 있다 보니, 그만큼 경쟁이 치열하다. 동일 카테고리**Category** 내에서의 경쟁뿐만 아니라 타 카테고리의 앱과도 경쟁을 생각해야 한다. 따라서 한정된 판매 채널에서 어떻게 소비자(사용자) 눈에 잘 띄도록 할 것인가 또는 한눈에 소비자를 사로잡을 것인가가 중요한 마케팅 포인트가 된다.

앱 구매 결정 과정 및 단계별 소비자의 행동 패턴 등 마케팅을 위한 환경을 파악하였으면, 당신은 이제 효율적인 앱 마케팅을 할 수 있다. 앱의 마케팅 환경에 적합한 마케팅 방법을 구사할 수만 있으면, 당신은 어느 정도 성공에 한 걸음 다가갔다고 할 수 있을 것이다. PART 02에서는 앱 마케팅을 시행하기 전에 미리 준비하고 점검해야 할 사항에 대해 알아보도록 하겠다.

PART 02

앱 마케팅 준비는 되었는가?

소비자에게 충분한 Value를 주고 있는가?

당신이 사용하고 있는 앱은 몇 개나 되는가? 그 앱을 사용하는 이유는 무엇인가? '모르겠다고', '그냥 습관적으로 사용한다고', 잘 생각해보면 앱을 사용하는 각각의 이유가 있으며, 앱마다 사용하는 이유가 다를 것이다. '편리해서', '시간을 절약해 줘서', '관리하기 편해서' 등 사람마다 그 이유도 다양할 것이다.

그런데 당신이 만든 앱이 소비자에게 내려받기를 선택받아야 할 납득할 만한 이유 또는 사용해야 하는 이유를 제공해 주지 못한다면, 그 앱은 100% 실패로 끝나고 말 것이다. PART 01에서도 이야기했듯이 구글 플레이 스토어에 비슷비슷한 앱들이 얼마나 많은가? '일정관리'로 검색을 해 보면 100개 이상 앱이 나온다고 말했다. 당신이 개발한 앱이 그저 그런 업(페이지 넘기기 4번 후에 나오는 앱)인지, 아니면 정상권에 위치한 앱인지는 여기에서 좌우된다고 해도 과장된 말이 아닐 것이다.

획기적인 마케팅을 해서 일시적으로 상위에 위치시킬 수 있고, 많은 사람이 내려받도록 유도할 수는 물론 있다. PART 03부터 설명되는 마케팅 방법들을 잘 따라 한다면 충분히 가능한 일이다. 하지만 아무리 마케팅을 한다고 한들 사용자에게 사용할 만한 이유를 제공해 주지 못하면 마케팅의 효과가 지속될 수는 없다. 어떤 이는 이용할 만한 충분한 이유를 제공해 주라는 의미를 사용 시에 '금전적 혜택을 주면 되지 않겠느냐'는 이야기를 하기도 한다. 뭐, 무한정으로 마케팅 비용을 사용할 수 있다면 충분히 가능한 이야기이지만, 여건이 늘상 그러하듯 마케팅 비용이 제한적인 상황에서는 불가능한 이야기이다.

소비자에게 사용할 만한 충분한 이유를 준다는 말은, Value를 제공해 주어야 한다는 의미이다. 즉, 당신이 개발한 앱을 사용함으로써 사용자는 어떤 혜택 또는 가치를 얻을 수 있어야 한다는 말이다. 앱을 사용해서 생활의 불편함을 해소할 수 있거나 편의성을 지원해 주거나, 또는 재미를 제공해 주거나 등 앱 사용을 통해서 소비자가 특정한 가치를 얻을 수 있어야 한다는 것이다. 당신이 개발하는 앱이 어떤 가치(혜택)를 주고 있는지 생각해 보기를 바란다.

앱이 충분한 Value를 제공해 주고 있는지 판단하기 위해서 스스로 다음과 같은 질문을 해 보는 것이 필요하다. 즉, 질문하고 거기에 맞는 답을 할 수 있다면, 소비자에게 충분한 Value를 제공할 수 있다고 판단해도 된다.

☑ 일상생활에서 소비자가 겪는 불편함을 제거해 주고 있는가?

예) 지갑에 있는 여러 장의 멤버십 카드를 한꺼번에 정리할 수 있도록 해 주는 Syrup wallet, 매번 전화번호를 찾거나, 냉장고에 붙어 있던 전단지 등의 불편함을 해소해 주는 배달류 앱·메일을 정리하는 데 귀찮고 번거로움을 해결해 주는 메일박스 등

☑ 소비자의 생활을 편리하게 해 주는가?(전체적인 비용, 시간 등 투입하는 노력을 줄여주는가?)

예) 일정관리, 건강관리 등 각종 정보 검색 및 뉴스 제공 등 지키기 어려운 다이어트, 건강관리를 도와주는 앱, 버스 도착, 지하철 노선도 등

☑ 소비자에게 재미나 즐거움을 제공해 주는가?

예) 게임, 음악, 영화 등 감성적 재미를 제공해주는 앱

☑ 소비자에게 경제적 혜택을 제공해 주는가?

예) 리워드 앱, OCB 등

위의 질문에 자신있게 답변하지 못했거나 또는 충분한 Value를 주고 있는지 정확한 판단이 되지 않는다면, 당신이 만들고자 하는 앱, 개발 중인 앱을 한 문장으로 설명할 수 있는지 생각해 보라. 앱을 소개하는 데 한 문장으로 설명하기가 어렵다면, 당신이 어떤 앱을 만들고 있는지 모른다는 의미일 수도 있다.

한 문장으로 만들었으면, 주변의 지인이나 친구들에게 설명해 보아라. 그들이 충분히 이해하고, 설명에 수긍한다면 당신이 개발한 앱은 소비자에게 충분한 Value를 줄 수 있는 앱일 것이다. 반대로 아무리 설명을 해도 이해하지 못한다거나 수긍하지 않는다면, 사용할 충분한 이유를 제공해 주지 못하는 것일 수도 있다. 지금 당장, 주변 사람에게 당신이 개발한 앱에 관해서 설명을 해 보라!

APP
앱 선택 이유는?
VALUE = OK
☑ 소비자가 겪는 일상의 불편함을 제거해 주는가?
☑ 소비자의 생활을 편리하게 해 주는가?
☑ 소비자에게 재미와 즐거움을 주는가?
☑ 소비자에게 경제적 혜택을 주는가?

누구에게 마케팅을 해야 하는가?

앱을 보여줄 대상이 누구인가?

앱을 소비자에게 충분히 보여줄 준비가 되었다면, 앱을 사용할 사용자가 누구인지 검토해 보아야 한다. 앱을 사용할 가능성이 큰 사람들을 대상으로 앱의 매력을 보여줘야 하기 때문이다. 전혀 사용하지 않을 것 같은 사람을 대상으로 마케팅을 한들, 관련이 없는 소비자가 사용할 리 만무하다.

물론, 때로는 전혀 예상하지 못했던 소비자들 사이에서 대박이 나는 경우도 있기는 하다. 앱을 개발하거나 기획할 때 전혀 예측하거나 기대하지 않았던 사용자층이 사용하는 예외적인 경우도 있지만, 당신이 개발한 앱이 모두 예외적인 경우는 될 수 없다. 따라서 누구를 대상으로 할 것인지를 명확히 알고 있어야 한다.

APP
TARGET ?
누구를 대상으로 마케팅을 할 것인지를 결정하는 것은 마케팅의 기본이다.

왜 대상 설정이 필요한가?

마케팅을 하는 데 있어서, 가장 기본이 되는 것은 누구를 대상으로 마케팅을 할 것인가이다. 대한민국 전체를 대상으로 할 것인지, 아니면 특정 계층을 대상으로 할 것인지 정해야 한다. 즉, 대상Target 고객을 설정해야 한다. 여기서 대상 고객이란 당신이 생각하는 또는 사용하기를 기대하는 사용자이다. 대상은 앱을 만들어야겠다고 생각했을 때나 기획할 때부터 대부분 정해져 있다. 명확히 누가 대상인지를 정하지 않았다고 하더라도, 일반적으로 '20대 직장인이 사용했으면 좋겠어', '20대 여성이 사용할 거야' 등 사용하기를 기대하는 사용층이 있을 것이다. 뭐 이도 저도 정하지 않았다면 마케팅 활동을 시행하기 전에 먼저 정하면 된다.

대상을 설정해야 하는 이유는 당신이 사용할 수 있는 힘, 즉 마케팅 비용, 시간 등을 특정 소비자군에 집중해서 사용할 수가 있기 때문이다. 비용, 시간 등 당신의 자원을 한 곳에 집중해서 사용할 수 있다면 무엇보다도 효율적이고 효과적인 집행이 될 것이다. 소비자군 별로 활용할 수 있는 마케팅 방법도 다르고, 같은 마케팅 활동일지라도 진행방식이나 방법 등에서 차이가 날 수밖에 없으므로, 누구를 대상으로 마케팅을 할 것인지를 정하는 것이 필요하다.

당신이 홍보를 위해 거리 퍼포먼스를 할 예정이라고 가정해 보자. 대상 고객이 없다면, 가장 먼저 서울 지역의 어떤 거리에서 퍼포먼스를 할 것인지를 정하기도 어려워진다. 막연히 '사람들이 많이 모이는 곳에서 하면 된다'라고 생각할 수도 있지만 꼭 그렇지는 않다. 사람들이 많이 모이는 서울의 홍대, 강남, 명동 등의 장소에서 할 것인지, 아니면 직장인들이 많은 을지로, 여의도 등에서 할 것인지 등 대상 고객에 따라 다를 것이다. 대상이 40대 직장인이라면 을지로, 여의도에서 평일 점심시간에 하는 것이 필요하고, 20대일 경우는 홍대, 강남, 명동 등에서 평일 저녁 또는 주말에 진행하는 것이 필요하다. 위와 같이 같은 마케팅 활동이라도 대상에 따라 실행 단계에서는 상당히 다르므로 대상 설정이 필요하다.

대상 고객을 정하는 방법에 대해서는 너무 어렵게 생각하지 않아도 된다. 쉽게 생각해서 앞서도 이야기했듯이 앱을 사용하기를 기대하는 사용자라고 설정하면 된다. 예를 들어, 게임 관련 앱이라고 하면 대상 고객은 게임을 즐기는 사람일 것이고, 건강관리 앱이라고 하면 건강을 관리하고자 하는 사람이, 일정관리 앱이라고 하면 일정관리를 하고 싶어하는 사람이 될 것이다. 쉽지 않은가? 대상 고객에 대해서 이해가 되었으면 조금만 더 깊이 들어가 보자. 한 단계만 더 세분화해서 생각을 해 보자.

타켓의 선정과 대상(Target) 매트릭스의 필요성

대상(Target) 매트릭스를 작성하자

　'대한민국 국민 5천만 명 모두를 대상으로 한다', '모든 남성을 대상으로 한다.' 등과 같은 식으로 대상(Target) 고객을 정하면 너무 모호하고 광범위하지 않은가? 대상은 너무 광범위하게 정하는 것보다는 조금 더 세분화시키는 것이 필요하다. 대한민국 남성보다는 남성 중 직장인이, 남성 직장인보다는 30대, 30대보다는 레저, 그중 여행을 즐기는 30대, 이런 식으로 대상 고객을 더욱 세분화시켜나가다 보면, 당신이 처음 앱을 기획했을 때 생각했던 것보다 좀 더 명확히 정리될 것이다. 대상 고객을 정하는 방법을 좀 더 자세히 살펴보자. 대상을 설정하는 방법에는 여러 가지가 있을 수 있으나 가장 기본적이고 쉬운 방법에 관해서 설명을 하도록 하겠다.

　대상(Target) 매트릭스를 만들어서 앱 사용 가능성이 큰 예상 사용자 군을 정하면 된다. 대상(Target) 매트릭스는 소비자의 인구 통계학적 요소와 특정 상품이나 서비스의 사용에서 보이는 행동 패턴(또는 이용 행태)을 비교하여 대상 고객을 설정하는 방법이다. 여기서 특정 상품, 서비스 사용에서 보이는 행동 패턴이란 당신의 앱 사용 시 예상되는 행동 패턴 또는 앱이 제공하고자 하는 서비스(혜택 등) 이용 시 보이는 소비자의 행동을 의미한다. 지금부터 대상(Target) 매트릭스를 함께 그려보자.

대상(Target) 매트릭스

사용자 그룹	제공 서비스	이용 행태	이용 빈도

〈작성요령〉

1. 앱 이용 가능성이 있는 예상 사용자를 Demographic 요소를 고려하여 작성한다.
   - 20대, 30대 직장인(미혼), 자녀가 있는 30대 기혼, 40대
   - 숙박 예약은 자녀 유무, 결혼 여부에 따라 이용 패턴이 달라 사용자 그룹 구분 시 고려 필요
2. 제공하는 서비스 내용을 작성한다.
3. 각 사용자 그룹별로 이용할 것으로 예상하는 상황을 작성한다.
   - 가족 여행, 연인들의 데이트, 주말 여행, 출장 등
4. 사용자 그룹별로 이용 빈도를 작성한다.
   - 월 단위 이용 횟수를 기준으로 높음, 중간, 낮음 등을 작성

사용하기를 기대하는 사용자의 Demographic 요소(성별, 연령대, 직장, 결혼 여부 등)를 왼쪽 '사용자 그룹'에 기록한다. 다음 칸 '제공 서비스'에는 앱이 제공하는 가치(서비스 등)에 대해서 작성한다. '이용 행태'란에는 앞서 작성한 Demographic(연령대) 구분을 기준으로 한 사용자 그룹별로 예상되는 서비스의 이용 행태를 작성한다.

이용 행태를 작성할 때는 앱이 제공하는 서비스가 사용되는 사업 카테고리에서 소비자가 보이는 이용 행태를 작성하는 것이 좋다. 예를 들어, 앱이 제공하는 서비스가 호텔 검색·예약이라면 앱 이용 행태보다는 앱이 제공하는 모텔, 호텔 예약 서비스가 사용되는 숙박 사업 카테고리에서 보이는 소비자의 이용 행태, 즉 모텔, 호텔 등 숙박업소 이용 행태를 작성하는 것이 필요하다. 이용 행태는 언제, 어디서, 어떤 경우에 사용할 것인가를 작성하면 된다. 당신이 생각했을 때 예상되는 이용 행태를 작성하면 된다. 이용 행태를 작성하였으면, 다음으로는 이용 빈도를 작성해 보도록 하자.

이용 빈도에는 대상 설정 시를 고려해서 스케일Scale 적 요소가 포함되는 것이 좋다. 예를 들어 높음, 낮음, 중간 또는 주 1회 이용 등과 같은 형태이다. 이외에도 라이프 스타일 등 당신이 개발한 앱이 사용되는 사업 카테고리에 따라 평가요소를 추가할 수 있다. 작성하고 나면 누가 앱 사용에 가장 적합하고, 이용 확률이 높은지 알 수 있다. 앱 사용에 가장 적합하지만, 이용 빈도가 낮은 사용자 그룹이 있을 수도 있고, 반대로 이용 빈도는 가장 높을 수는 있지만, 앱 사용에 적합도는 낮을 수도 있다. 사용자 그룹의 앱 사용의 적합성과 이용 빈도 등을 고려해서 대상을 설정하면 된다.

지금부터 대상(Target) 매트릭스 사용법을 익히기 위해 최근에 TV 광고 등 마케팅 활동을 활발히 하는 숙박 검색·예약 서비스를 제공하는 앱의 타겟 고객 설정을 위한 대상(Target) 매트릭스를 작성해 보도록 하자. 독자 여러분은 각자 별도로 대상 매트릭스를 작성해서 비교해 보기 바란다.

대상(Target) 매트릭스를 다 작성하였으면, 다음의 대상(Target) 매트릭스와 비교를 해 보라. 다음은 모텔, 호텔 등 숙박 검색·예약 서비스를 제공하는 앱의 대상(Target) 매트릭스이다.

숙박·검색 예약 서비스 대상(Target) 매트릭스

사용자 그룹	제공 서비스	이용 행태	이용 빈도	선호 사항
20대	모텔 검색, 예약	연인 데이트, 여행	중간	빠른 검색
30대(미혼)		연인 데이트, 주말여행, 출장	높음	분위기 선호, Trendy
30대(자녀)		가족 여행(자녀), 출장, 가족 펜션	중간	가족 위주의 여행, 놀 거리, 깔끔한 시설
40대		가족 여행(부부), 출장 호텔	낮음	휴식, 편안함 등을 선호

※ 선호 사항은 사용자 그룹별로 호텔, 모텔 등 숙박 검색·예약 시 주로 고려하는 사항으로 대상(Target) 매트릭스 작성 시 반드시 작성해야 하는 것은 아니다.

대상 고객은 사용자 그룹 중 이용 빈도가 가장 높은 30대 초반(미혼) 또는 20대 사용자 그룹이 될 것이다. 만약 앱이 제공하는 서비스가 모텔 검색·예약 서비스가 아니고 호텔, 펜션 등의 검색·예약 서비스라고 한다면 대상 고객은 30대(기혼, 자녀) 등으로 변경된다.

센스가 있는 분이라면 위의 대상(Target) 매트릭스가 어떤 앱을 기준으로 작성된 것인지 알아보았을 것이다. 위의 대상(Target) 메트릭스는 요즘 한창 마케팅 활동을 많이 하는 '모텔 검색·예약' 서비스를 제공하는 '여기어때' 앱이다. '여기어때'는 20대 또는 30대 미혼 사용자 그룹을 대상으로 하고 있고, 대상 고객의 선호 사항이 빠른 검색, 트렌디^{Trendy} 분위기 등이다. 이 때문에 TV 광고 모델로 B급 연예인으로 인기를 끌고 있는 '유병재'를 기용하여 20대, 30대 초반의 미혼 남녀가 모텔을 찾는 상황을 적절하게 또는 약간 과장되게 묘사하여 TV 광고를 하고 있다. 이처럼 대상(Target) 매트릭스를 작성해 보면 대상 고객을 누구로 하는 것이 좋으며, 대상 고객을 대상으로 어떤 내용을 주요 포인트로 마케팅을 하는 것이 글요한지를 알 수 있게 된다.

당신의 스토리는 무엇인가?

당신이 만든 앱에 스토리가 필요한 이유

누구를 대상으로 마케팅을 할 것인지를 정했다면, 이제는 어떻게 소비자를 설득할 것인지를 알아야 한다. 마케팅이라는 것은 결국 소비자에게 앱을 사용하라고 유도하는 활동이다. 그러면 어떤 이야기를 해야 소비자로 하여금 앱을 사용하도록 설득할 수 있을까? 단순히 앱의 기능, 특징, 장점 등을 소비자에게 전달해서는 그들을 설득하기가 어렵다. 설득은 고사하고, 그들의 관심조차 끌지 못할 것이다. 당신의 앱과 비슷한 기능이나 특징을 가진 앱들이 곳곳에 많이 있으므로 단순히 기능, 특징에 관해서 이야기를 하는 것은 소비자들의 관심을 끌 수가 없다. 당신의 앱만이 가진 이야기를 전달해야 소비자들의 관심을 끌 수 있다.

"우리 앱을 사용하세요!"

이렇게 말하면 과연 소비자를 설득할 수 있겠는가? 흥미, 관심을 끌 만한 것이 제공되지 않는다면 소비자는 설득되지 않는다. 소비자를 설득하기에 가장 좋은 방법은 그들이 공감할 수 있거나 흥미를 느낄 만한 이야기를 해 주어야 한다. 스토리(이야기)는 사람들이 기억하기에 가장 좋고, 사람의 감성을 자극하기에 가장 설득력 있는 방법이다. 당신이 어렸을 때 들었던 이야기는 세월이 지나도 잊히지 않고 또렷이 기억하고 있을 것이다.

소비자의 관심을 끌 만한 당신만의 스토리가 있는가? 스토리가 없거나 약하다고 판단되면 지금부터 당신만의 스토리를 만들어 보자.

스토리의 중요성

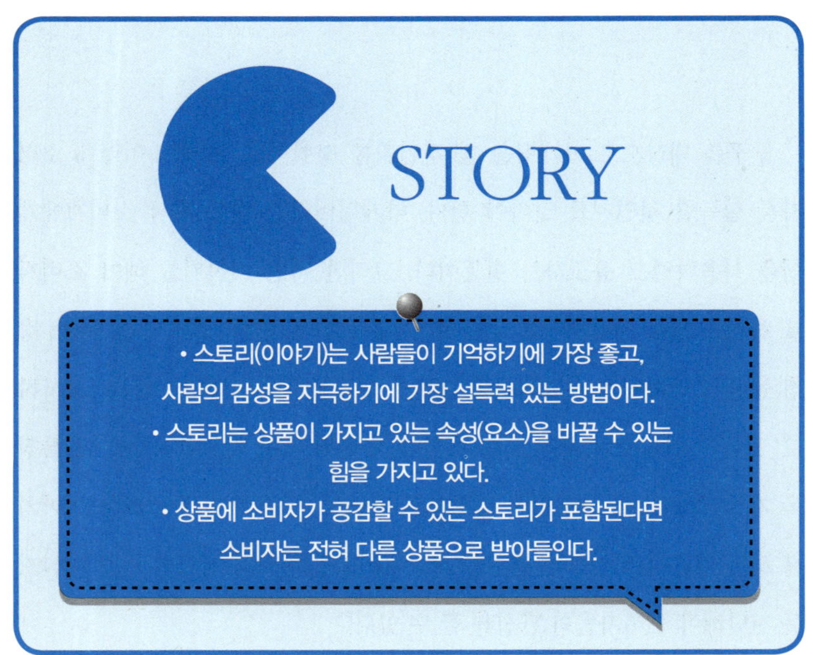

스토리가 가지는
힘은 무엇인가?

스토리를 만들기 전에 스토리가 어떻게 소비자들의 관심을 끌 수 있고 설득할 수 있는지 알아보자. 다음의 이야기는 스토리가 가지는 힘을 보여 주는 대표적인 사례이다. 워낙 유명한 사례라 대부분이 알고 있는 이야기 일 수 있지만, 스토리가 가지는 힘을 보여 주는 사례인 점을 이해하고 보기 바란다.

1991년 사과 산지로 유명한 일본 아오모리현에 엄청난 태풍이 불어 마을과 농작물에 피해를 줬다. 보통 사과의 10% 정도가 낙과하는 데 반해, 태풍으로 인해 수확되지 않은 사과의 90%가 낙과를 하는 피해가 발생하게 되었다. 낙과는 상처가 생기고 맛이 떨어져 정상적으로 판매되지 않는다. 그 때문에 마을 사람들은 낙과로 인해 모

어떻게 이런 기적 같은 일이 일어날 수 있을까? 단지 사과에 '합격'이라는 스티커를 붙였다고 해서 높은 가격에 판매되었다고 하는 것은 믿기 어려운 일이다. 이런 일이 가능했던 것은 소비자들이 구매하고 소비한 것이 사과가 아니라, '태풍에 떨어지지 않는다'라는 이야기를 구매하고 소비했기 때문이다. 소비자들이 소비한 것은 맛있는 사과, 아오모리현에서 재배한 사과가 아니라, 대학 입학시험에서 자녀들이 떨어지지 않기를 바라는 부모들이 - 일본 대학 입시는 우리나라만큼 어렵다- '태풍에 절대 떨어지지 않는'이라는 이야기, 스토리이다.

이처럼 '합격 사과' 사례에서도 보듯이 스토리는 상품이 가지고 있는 속성(요소)을 바꿀 수 있는 힘을 가지고 있다. 본질은 동일한 속성을 가진 상품(사과, 맛있는 사과)이지만, 소비자가 공감할 수 있는 스토리가 포함된다면 소비자는 전혀 다른 상품(자녀를 대학에 합격시켜주는 힘, 부적)으로 받아들이게 되는 것이다. 전혀 새로운 속성을 가진 상품으로 느끼게 하는 것, 이것이 바로 스토리가 가지고 있는 힘이다. 그럼 스토리에는 어떤 힘이 있기에 새로운 속성을 만들어 낼 수 있을까? 스토리가 가지고 있는 힘에 대해 좀 더 살펴보자.

스토리의 힘

스토리는 감정 이입 효과를 불러일으킨다. 재밌는 이야기를 들었을 대 이야기하는 사람과 같이 웃거나 슬픈 이야기를 듣고 같이 슬퍼한 경우가 있었을 것이다. 뿐만 아니라, 드라마를 보면서 주인공과 같이 울어보거나 화내거나 슬퍼한 적이 있을 것이다. 그것은 당신이 주인공과 같은 입장에서 생각하고 행동을 했기 때문이다. 즉, 주인공의 감정에 동화되었기 때문에 그와 같이 슬퍼하고 기뻐하는 것이다. 이처럼 이야기에는 재미, 슬픔 등이 있으며, 때로는 시간이 지나도 좀처럼 잊히지 않는 감동도 있기 마련이다.

스토리가 가지는 두 번째의 힘은 스토리를 통한 핵심 파악에 있다. '합격 사과'처럼 '태풍에도 절대 떨어지지 않는' 이 한마디로 모든 상황을 이해할 수가 있다. '초속 55m의 속도로 태풍이 불어서 사과의 90%가 떨어졌지만, 여기 있는 사과만은 어떤 어려운 상황에서도 떨어지지 않고 남은 사과'라고 굳이 세부사항을 이야기하지 않아도, '태풍에도 절대 떨어지지 않는' 한마디로 핵심을 이해할 수 있게 해 준다.

세 번째로 스토리는 다른 무엇보다 기억하기가 쉽고 기억이 오래간다. 기억은 하나의 정보만 저장되었을 때보다, 여러 가지 정보들이 연합되어 저장되었을 때 강화된다고 한다. 이 때문에 여러 가지 정보가 들어 있는 이야기는 기억하기가 쉽고 더 오래 기억된다. 당신이 학창시절 수업시간에 들었던 수업내용은 전혀 기억이 나지 않지만, 수업시간에 들었던 재미있는 이야기는 지금도 기억을 하고 있을 것이다. 이야기에는 여러 가지 정보가 들어 있어 서로 연합되어 기억 속에 저장되어, 그 기억이 오랫동안 가게 되기 때문이다.

이처럼 스토리는 소비자에게 감정이입 효과를 불러와 공감을 일으키고, 별다른 설명 없이도 핵심을 이해할 수 있게 해주고, 기억하기 쉬우며, 더 오래 기억에 남게 해준다. 이것이 바로 스토리가 가지고 있는 힘이다.

스토리 구조

스토리가 더 감동적이며, 기억하기 쉬운 이유는 스토리의 구조에 있다. 스토리는 특정 사건의 발단, 갈등(어려움, 곤경), 문제 해결이라는 전형적인 구조로 되어 있다. 주인공에게 어떤 특정한 사건이 발생하고, 곤경에 처하고, 이것을 극복하고 문제를 해결하여 영웅이 되는 과정이 스토리의 기본적 구조이다. 주인공이 어려움을 겪고 극복하는 과정에 감정이입을 해서 스스로 주인공과 동화되어 주인공과 같이 울고 웃게 되는 것이다. 주인공이 더욱 혹독한 시련을 겪을수록 몰입도 및 감정이입은 극대화된다.

사건의 발단은 특정 상황이나 사건이 발생하게 된 배경을 의미한다. 사건 발생의 원인, 또는 주인공이 앞으로 갈등이나 곤경을 겪게 되는 배경이 설명되는 것이다. 따라서 사건의 발단에서는 주로 사건의 배경, 당시의 상황 등이 이야기된다.

갈등은 말 그대로 주인공이 겪게 되는 어려움, 위험 등이 해당한다. 주인공이 앞으로 헤쳐나가야 할 어려움 등을 의미한다. 갈등 구조에서 도움을 주는 사람이나 사건이 나타나기도 하며, 주인공이 처하는 갈등이나 곤경이 어려울수록 감정 동화가 더 잘 일어나기도 한다.

문제 해결은 주인공이 어려움을 극복하고 문제를 해결하는 부분이다. 모든 갈등이나 어려움이 극복되고, 주인공은 사건을 해결함으로써 영웅이 되거나 좋은 결실을 보게 된다.

위와 같은 스토리의 구조 및 기본 요소를 정리해 보면 다음과 같다.

스토리의 구조 및 기본 요소

스토리 구조	기본 요소
사건의 발단	시대 상황, 사건의 배경
갈등	위기, 어려움, 근경
문제 해결	갈등 극복, 어려움 해결

지금까지 스토리가 가지고 있는 힘과 스토리 구조 및 요소에 관해 설명을 하였다(스토리가가 가지는 힘 및 스토리의 구조 외에 스토리에 대해서 더 많은 내용을 알고 싶은 분은 시간을 내어서 찾아보시기 바란다). 이를 통해 당신은 소비자를 설득하기 위해서 앱의 특성, 기능을 판매하는 것보다는 이야기를 판매하는 것이 훨씬 효율적이라는 것을 알게 되었을 것이다. 단순히 사과를 판매하는 것이 아니라, '태풍에 절대 떨어지지 않는'이라는 스토리를 판매해서 고수익을 올린 일본 아오모리현 사람들처럼 말이다.

당신의 스토리는 무엇인가? 소비자를 설득할 수 있는 스토리가 있는가? 앱 기능, 특징에 대한 전달만으로 소비자를 충분히 설득할 수 있다고 생각하는가? 그렇지 않다고 느낀다면 지금부터 스토리를 만들어 보도록 하자.

스토리의 힘

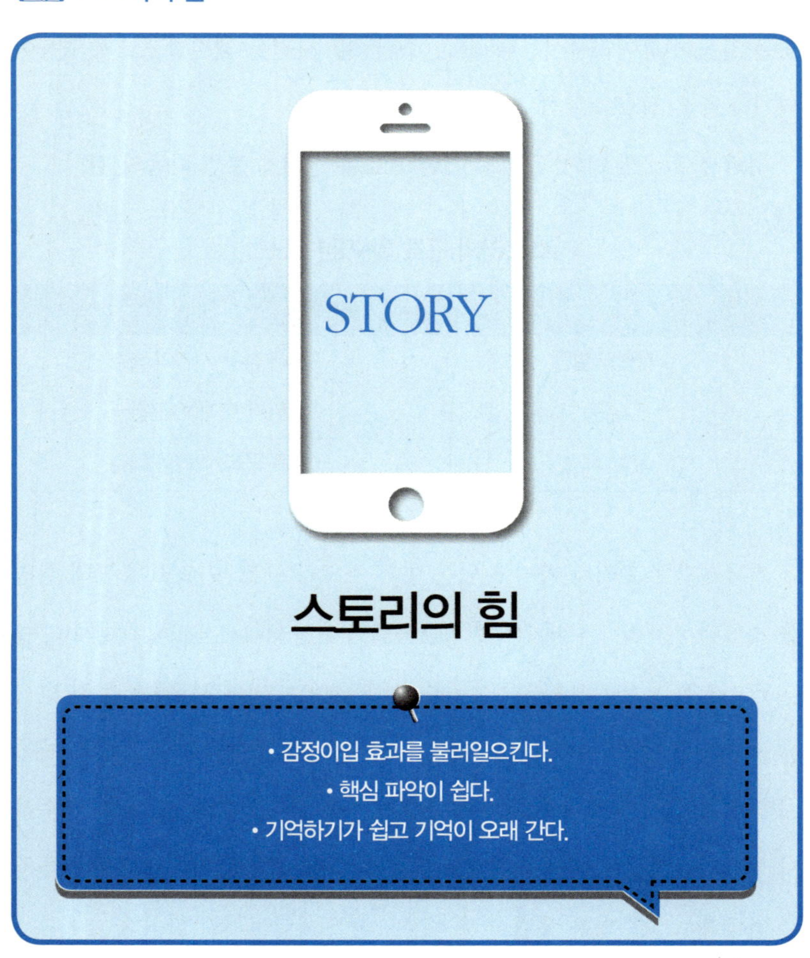

마케팅 관점의 스토리는
어떻게 다른가?

스토리를 작성하는 이유는 결국 소비자를 설득하기 위한 것이다. 따라서 스토리는 마케팅의 관점에서 작성되고 전달되어야 한다. 마케팅 관점에서 작성되어야 한다는 의미는 소비자 입장에서 작성되어야 한다는 의미다. 소비자 입장에서 작성되어야 소비자의 공감을 불러일으킬 수 있고, 공감되어야 스토리가 가지는 힘을 활용할 수가 있게 된다. 소비자의 입장에서 스토리가 작성되고 전달되어야 결국 소비자를 설득할 수가 있다. 당신이 개발한 앱을 구매하고 사용할 사람은 당신이 아니고 소비자이다. 철저히 소비자의 입장에서 스토리가 작성되어야 한다는 사실을 잊어서는 안된다.

소비자의 입장에서 스토리를 작성하기 위해서는 먼저 스토리 구조부터 마케팅 관점에서 접근되어야 한다. 마케팅 관점에서 스토리 구조를 해석해 보면 '사건의 발단'은 소비자의 특정 행동^{Activity}이 발생하는 상황, 배경 또는 특정 행동을 하는 이유 등이 해당한다. 앱 마케팅 측면에서는 앱을 사용할 가능성이 큰 상황을 의미한다. 두 번째로 '갈등'은 특정 행동을 하면서 겪게 되는 어려움 또는 행동의 수행을 방해하는 문제 등이다. 앱 마케팅 관점에서는 앱을 사용하기 전에 겪는 불편함 등이 해당한다. '문제 해결'은 갈등 단계에서 소비자가 겪는 불편함$^{Pain Points}$ 등이 해결되거나 앞서 해결되지 않았던 문제들이 해결되는 과정이다. 앱을 사용하여 문제를 해결하고, 앱을 통해 좋은 사용 경험을 갖게 되는 과정이다.

위와 같이 사건 발단, 갈등, 문제 해결의 스토리 구조는 아래 그림처럼 마케팅 관점에서 상황(TPO), 갈등(Needs / Pain points), 문제 해결(좋은 경험)의 구조로 변환된다.

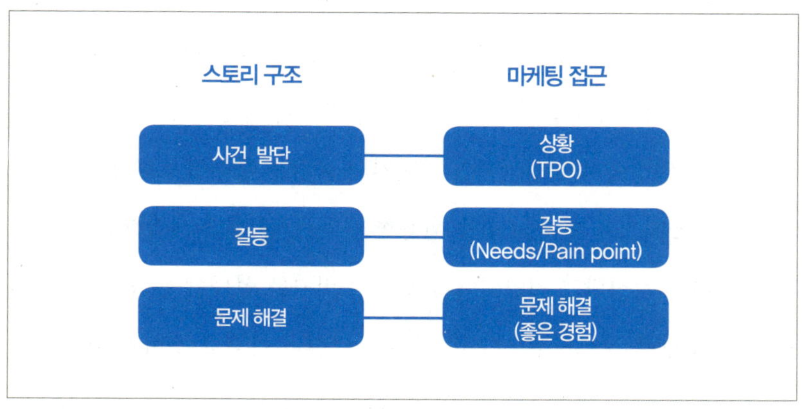

상황(TPO)

상황(TPO)에는 Time, Place, Occasion이 들어가야 한다. TPO란 말 그대로 언제, 어디서, 어떤 경우에 특정 행동이 일어나는지를 파악하는 방법이다. TPO를 정확히 알고 있어야만 소비자(사용자)가 언제, 어떤 상황에서 앱을 사용하게 되는지 명확히 알 수가 있다. 또한, 언제 어떻게 소비자들에게 명확한 메시지를 전달해야 하는지를 파악할 수 있게 된다. 소비자가 특정 상황에서 하는 행동과 연관되어 마케팅 활동이 이루어져야 하기 때문에, 특정 행동의 TPO를 아는 것은 중요하다. 소비자가 A라는 행동을 하는 상황에서 B 행동과 관련된 마케팅 활동을 하는 것은 정말 무의미하다. 예를 들어, 여름날에 1km 달리기를 하고 난 직후 누군가가 빵, 과자 등을 구매하라고 한다면, 당신은 어떤 행동을 보이게 될까? 아마 머릿속으로 '이런 미친 XX' 생각을 할 수도 있을 것이다. 반대로 시원한 물, 음료수 등을 구매하라고 한다면 어떻게 하겠는가? 아마 구매를 하고자 하는 생각이 강해질 것이다. 이처럼 상황에 맞지 않는 어리석은 마케팅 활동을 해서는 안 된다.

또한, 상황은 소비자와 충분히 공감할 수 있어야 한다. 대부분 사람에게는 별로 발생하지 않는 특정 상황이 되어서는 안 된다. 특히, 당신이 주요 대상으로 생각하는 소비자들이 공감할 수 있는 상황이어야 한다. 30대 남성 직장인을 주요 대상으로 고려하면서 스토리가 발생하는 상황을 20대 초반 남자로 설정하면, 전혀 공감하지 않을 것이다. 소비자가 공감하지 않는 상황이며, 흥미를 유발할 수가 없고 소비자의 시선이나 관심을 앱에 잡아둘 수가 없다. 일반적으로 공감할 수 있는 보편적인 상황이어야 한다.

갈등

갈등에는 반드시 소비자의 욕구^{Needs}, 불편함^{Pain point}이 들어가야 한다. 불편함이란 소비자가 겪는 문제, 어려움 등 소비자를 불편하게 하는 것이고, 니즈란 소비자가 해결하고 싶어하는 것, 해결되지 않는 문제 등이다. 스토리의 구조에서 주인공이 겪는 어려움이 클수록, 혹독한 시련을 겪을수록 몰입도 및 감정 이입이 극대화된다고 이야기한 것처럼, 갈등 단계에서 소비자가 겪는 불편함이 클수록, 해결하고자 하는 문제의 난이도가 높을수록 소비자는 더욱 공감하게 된다. 따라서 소비자가 겪게 되는 어려움, 불편한 사항은 극대화되어야 한다. 어려움이 너무 약하거나 쉽게 해결이 가능한 것이라면, 당신이 개발한 앱을 사용해야 할 이유를 전혀 주지 못할 수 있다.

예를 들어, 당신이 어디를 가기 위해 택시를 급하게 타야 하는 상황이라고 가정해 보자. 택시 승강장에 대기하고 있는 택시가 없다. 하지만 별로 복잡하지 않은 시간대이기 때문에 택시를 기다리고 있는 사람이 없다거나 또는 지하철이 다니는 시간이라 지하철을 탈 수 있다고 한다면, 택시를 타야 한다는 행동에 어려움을 느끼지는 않을 것이다. 즉, 당신이 겪는 불편함이 별로 없는 것이다. 소비자가 겪는 어려움이 적거나 불편함이 없다면 공감을 일으킬 수도 없고, 문제 해결과 연결에서도 설득력이 떨어지게 된다. 반면에, '택시를 타려고 하는 사람이 엄청 많다', '지하철이 끊긴 시간이다'라고 한다면, '택시를 탄다'는 행동을 어렵게 하거나 방해하는 요소가 생기게 된다. 여기에 '비가 오려고 한다'는 극적인 장치까지 들어가게 되면, 문제는 더 어렵게 된다.

문제 해결

문제 해결에는 소비자가 스스로 해결책을 만들어 갈등을 해소하거나 문제를 해결하는 모습과 앱을 사용해서 문제가 해결되는 모습이 들어가야 한다. 소비자가 찾은 해결 방법과 앱을 통해 문제를 해결하는 모습을 비교하여 앱 사용의 장점 및 편리성 등 차별점을 강조해야 한다.

마지막으로, 스토리의의 모든 구조 및 스토리 전체는 소비자의 입장에서 작성되어야 한다. 스토리를 작성하는 목적이 소비자를 설득하는 것이므로, 그들이 공감하고 흥미를 느낄 수 있는 이야기를 해야 한다. 아무리 재미있고 흥미로운 이야기라 하더라도, 당신이 대상으로 하는 소비자가 흥미를 느낄 수 없다면 의미 없는 이야기임을 충분히 숙지해야 한다.

스토리를 작성해 보라

    지금부터 스토리를 작성해 보도록 하자. 마케팅 관점의 스토리 구조와 각 구조에 어떤 내용이 들어가야 하는지를 알았으니 구성 요소에 맞게 작성하면 된다. 너무 어렵게 생각하지 말고, 간단하게 작성해도 되니 부담을 가질 필요가 없다. 당신에게 작가와 같은 문장력을 요구하는 것이 아니므로 너무 고민하지 말고 가볍게 작성해 보도록 하자.

    당신이 택시 앱을 개발하고 있다고 가정을 하고, 거기에 맞는 마케팅 관점의 스토리를 만들어 보자. 앞에서 언급한 내용대로 상황, 갈등, 문제 해결 등의 내용을 작성하면 된다. 먼저 어떤 상황에서 소비자들이 택시 앱을 사용하게 될 것인지 작성을 하고, 두 번째로, 그 상황에서 현재(즉, 당신이 택시 앱 개발 이전) 소비자들이 겪고 있는 불편함은 무엇이고, 그들이 가장 원하는 것이 무엇인지 작성한다. 끝으로 택시 앱을 통해 어떤 불편함이 해결되었는지, 소비자가 원하는 어떤 모습인지 생각해 보고 작성하면 된다.

스토리를 작성할 때는 앞서 이야기한 주의 사항을 유념하여야 한다.

주의 사항

- 상황에는 Time, Place, Occasion이 들어가야 한다.
- 상황은 충분히 공감될 수 있는 내용이어야 한다.
- 갈등에는 소비자의 Needs, Pain point가 들어가야 한다.
- 소비자가 겪게 되는 어려움, 불편한 사항은 극대화될수록 더욱 공감된다.
- 문제 해결에는 소비자가 스스로 해결책을 만들어 갈등을 해소하거나 문제를 해결하는 모습과 앱을 사용해서 문제가 해결되는 모습이 들어가야 한다.
- 스토리 전체는 소비자의 입장에서 작성되어야 한다.

모두 작성되었으면, 다음의 내용과 당신이 작성한 스토리를 비교해 보라.

- ☑ 회식이 너무 늦게 끝났다.
- ☑ 지하철은 이미 끊겼다.
- ☑ 집에 택시를 타고 가는 방법밖에 없는 것 같다.
- ☑ 택시를 타려고 하니, 오늘따라 택시를 타려는 사람이 너무 많다.
- ☑ 택시가 잡히지 않는다.
- ☑ 택시는 손님의 행선지를 물어보고 안 태우기가 일쑤다.
- ☑ 벌써 택시를 잡으려고 노력한 지가 30분이 지났다. 여전히 잡히지 않는다.
- ☑ 어디 편의점 가서 라면 하나 먹고 오면 택시가 좀 더 잘 잡히지 않을까?
- ☑ 그러면 너무 늦게 집에 도착할 텐데….

☑ 어쩌지 하는 생각이 머리를 스친다.

☑ 문득, 며칠 전 직장동료가 이야기해 준 택시 앱이 떠올랐다.

☑ 택시 앱을 사용해서 택시를 호출하니, 5분 뒤에 도착한다는 메시지가 왔다.

☑ 택시를 기다리지 않고, 편하게 집에 간다.

이렇게 비교해 보니 어떠한가? 구상한 것처럼 상황, 갈등, 문제 해결 등의 내용이 잘 들어가 있는가? 당신이 작성한 이야기를 구조화시켜보면 어떤 내용이 빠졌는지 쉽게 알 수 있다. 스토리 작성이 잘 안 된다면 다음과 같이 스토리 구조를 먼저 작성하고 그 각 구조에 해당되는 내용을 적어보는 것도 좋은 방법이다.

스토리 구조	내용
상황 (TPO)	"회식이 늦게 끝나서 또는 술을 많이 마셔서 버스(지하철)를 타고 집에 갈 수 없어 택시를 타려고 한다."는 상황이 있다.
갈등 (Needs / Pain point)	"택시가 잡히지 않는다. 엄청나게 많은 사람이 택시를 잡으려고 차도에까지 내려가 있다. 부슬부슬 비까지 내리려고 한다."
문제 해결 (사용 경험)	택시 잡는 것을 포기하고, 사람들이 뜸해지는 시간을 기다리기로 한다. 운이 좋으면, 잡힐 것으로는 생각으로 계속 뛰어다닌다. (택시 앱)으로 택시를 호출하고 도착시각 확인 후 편의점에서 5분 정도 기다린다. 택시 호출 후 5분 뒤 택시가 도착한다.

• 상황에서 〈택시를 탄다, 잡는다〉는 특정 Activity고, 〈회식이 늦게 끝나〉, 〈술을 많이 마셔〉 등이 Activtiy가 발생하는 배경, 이유이며, TPO(Occasion)에 해당한다.

• 갈등에서 〈택시가 안 잡힘〉은 어려움을, 〈많은 사람〉 택시 잡는 것을 방해하는 문제이며, 〈비가 내리려고 한다〉, 〈택시를 잡는다〉는 Activity를 더욱 간절하게 만드는 요소이다.

• 문제 해결에서 〈택시 잡는 것 포기〉, 〈계속 도전〉 등이 택시 앱이 없었을 경우의 문제 해결 방안이고, 〈편의점에서 기다린다〉, 〈2분 뒤 택시 도착〉 등이 택시 앱을 통한 문제 해결 방안이다.

스토리를 메시지로 바꾸자

스토리 작성이 완료되었으면 이제 스토리를 소비자에게 전달 가능한 형태로 바꾸어야 한다. 스토리를 그대로 소비자에게 전달할 수는 없다. 스토리는 소비자에게 전달하기 알맞은 '마케팅 메시지'로 변형하는 것이 필요하다. '태풍에도 떨어지지 않는 합격 사과'와 같은 메시지가 필요하다.

마케팅 메시지란 소비자를 설득하기 위해서, 그들에게 전달(커뮤니케이션Communication)하는 메시지이다. 마케팅 활동을 할 때 가장 기본이 되는 요소이며, 소비자를 설득할 때 가장 핵심이 되는 마케팅 요소이다.

일반적으로 상품을 판매할 때 1분 안에 설득이 되거나 공감과 흥미를 느끼지 못하면 소비자는 돌아서 버린다고 한다. 불행히도 앱은 1분이라는 시간도 없다. 시간은 커녕 소비자를 설득할 수 있는 대면 기회조차 없다.

대면 설득을 할 수 있다면, 바짓가랑이라도 잡고 늘어질 텐데 그렇게 할 수가 없다. 한눈에 보고 즉시 마음에 와 닿지 않으면, 기회를 잃고 말게 되는 것이 앱이다. 그래서 메시지를 어떻게 만들어 내느냐가 마케팅 활동의 성과를 좌우한다.

'마케팅 메시지'는 스토리를 축약해서 소비자에게 전달할 수 있는 형태로 만들면 된다. 다음의 도표와 같은 변환 순서에 따라 스토리를 변환하면 마케팅 메시지가 된다.

스토리의 메시지 변환 순서

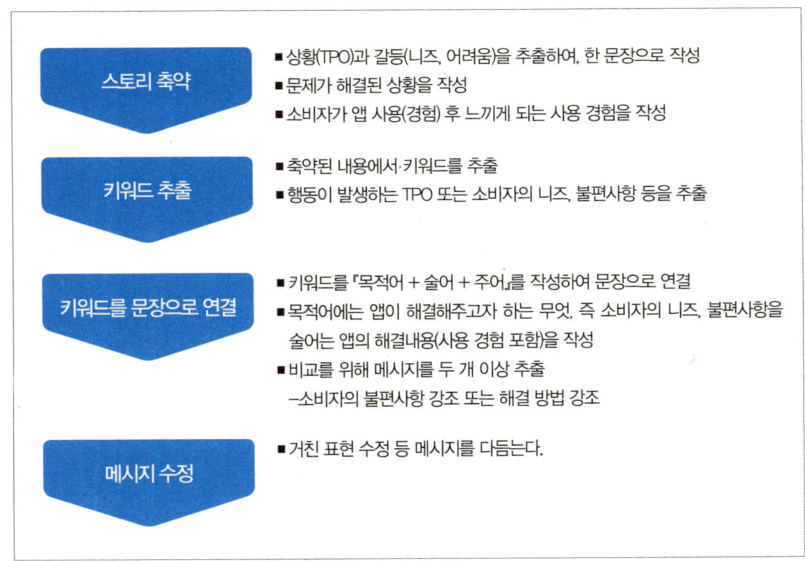

스토리를 마케팅 메시지로 변환할 때는 첫 번째로, 스토리를 축약한다. 상황과 갈등 단계의 주요 내용을 추출하여 축약하되, TPO와 소비자가 겪는 가장 큰 불편사항을 중심으로 축약하는 것이 좋다. 다음으로는 갈등이 해결된 상황을 작성한다. 갈등이 해결된 상황을 정리할 때는 앱 사용 후 소비자가 느끼는 사용 경험도 같이 정리한다. 앱을 직접 사용해 보지 않고도, 사용 후의 느낌이 들 수 있도록 사용 경험을 정리하는 것이 좋다.

두 번째로는 축약된 스트리에서 키워드(주요 내용)를 추출한다. 키워드를 추출하기 어렵다면 상황에서는 TPO만을 추출하고, 갈등에서는 니즈Needs 또는 가장 큰 불편사항을 추출하면 된다.

세 번째 단계로는 추출된 키워드를 문장으로 연결해 본다. 문장으로 연결할 때는 『목적어+술어』, 또는 『목적어+주어』 형태로 만들어 주는 것이 좋다. 목적어는 앱이 해결해 주고자 하는 '무엇을'에 해당하는 것으로 주로 스토리에서 추출한 소비자의 니즈 또는 가장 큰 불편사항이다. 술어는 앱이 제공해주는 해결방법(내용)이 된다. 앞서 작성했던 택시 앱 스토리에서 보면, '택시를 잡고 싶은 것'이 가장 큰 소비자의 니즈다. 따라서 목적어는 택시를 잡는 것이 된다. 술어 부분을 작성할 때는 소비자가 느낄 수 있는 혜택을 중심으로 작성하는 것이 좋다. 택시 앱 스토리에서 보면 '5분 뒤에 택시가 도착하는 것'이 해당된다.

끝으로, 완성된 문장을 다듬어서 마케팅 메시지로 만든다. 마케팅 메시지는 하나보다는 둘 이상을 작성해서 어느 것이 더 설득력이 있는지 또는 임팩트 있는지 확인해 보는 것이 좋다. 둘 이상의 메시지로 추출할 때는 하나는 소비자가 겪는 불편사항을 강조하는 형태로, 다른 하나는 앱을 통한 해결 모습이 강조된 형태로 추출하는 것이 필요하다.

마케팅 메시지가 완성되었으면 다음의 4가지 포인트를 가지고 점검해 보아야 한다. 4가지 포인트 중 빠진 내용이 있다면 처음으로 돌아가서 다시 한 번 살펴보는 것이 좋다. 마케팅 메시지는 소비자의 관심을 충분히 끌 수 있어야 하며, 흥미를 일으킬 수 있어야 한다.

메시지 체크 포인트

☑ 한 문장으로 표현이 되었는가? (간략함)

☑ 소비자의 관심을 끌 만큼, 공감을 불러일으킬 수 있는가?

☑ 해결 방법이 당신의 앱 특성을 충분히 설명하고 있는가?

☑ 소비자의 문제가 정확히 무엇인지 파악되었는가?

스토리를 메시지로 변환하는 방법에 대해 충분히 이해되었는가? 이해가 되었으면 지금부터 직접 변환을 시켜보도록 하자. 앞 장의 택시 앱 스토리를 마케팅 메시지로 변환해 보도록 하자. 당신도 위의 변환 순서에 따라 직접 해 보기 바란다. 당신이 변환한 마케팅 메시지와 다음의 마케팅 메시지를 비교해 보라. 어느 메시지가 더욱 공감되는가?

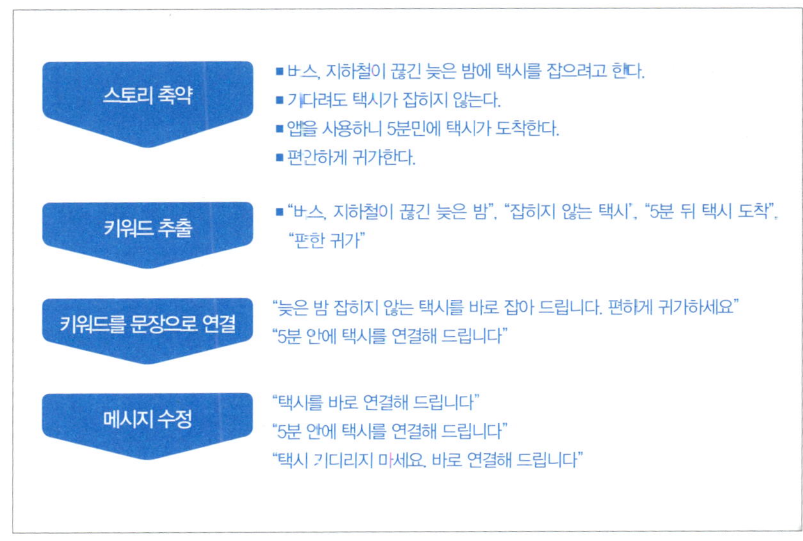

택시 앱 스토리에서 키워드는 '늦은 밤', '잡히지 않는 택시', '5분 뒤 택시 도착', '편한 귀가' 등이다. 위의 4가지 키워드를 연결해서 하나의 문장으로 만들어 보면, "늦은 밤 잡히지 않는 택시를 바로 잡아 드립니다. 편하게 귀가하세요." 또는 "5분 안에 택시를 연결해 드립니다"이다. 메시지 작성이 어렵다고 느낀다면, 다음의 작성 요령에 따라 작성하면 된다.

마케팅 메시지를 쉽게 작성하는 방법은 메시지를 『목적어+술어』 또는 『목적어+주어』 형태로 작성하면 되고, 여기서 목적어는 키워드 중 소비자의 니즈 또는 불편사항에 해당하고, 술어는 키워드 중 앱이 제공하는 해결방법에 해당한다. 이를 정리해 보면 다음과 같다.

끝으로, 위의 마케팅 메시지를 좀 더 강력하게 다듬으면 된다. 택시가 잡히지 않는 상황이 '늦은 밤'이라는 것은 대부분의 소비자가 알고 있다. 소비자가 알고 있는 보편적인 상황을 메시지에 언급할 필요는 없다. 따라서, '늦은 밤'이라는 표현을 삭제해도 된다. 다만, 여기서 주의할 점은 행동을 일으키는 모든 상황이 마케팅 메시지에서 삭제할 수 있다고 생각하면 안 된다. 뒤에서 나오는 목적어를 보고 상황이 파악되는 경우에만 삭제해도 된다. 두 번째로 '택시를 잡아 준다'는 표현은 다소 거칠어 보여 좀 더 매끄러운 '연결'로 변경하였다. 여기에, 소비자의 불편사항을 강조하는 '택시! 기다리지 마세요. 바로 연결해 드립니다' 또는, 해결 방법을 강조하는 형태의 '5분 안에 택시가 도착합니다' 등 두 가지 형태의 메시지로 정리하였다.

Just Practice – 마케팅 메시지 만들기

아래에 제시된 내용은 특정 앱을 사용할 수 있는 상황 및 그 상황에서 소비자가 보이는 행동들이 정리되어 있다. 스토리의 구조를 정리해 보고, 마케팅 메시지를 추출해 보자.

○ ○ ○은 오늘 점심에 식사하고 늘 그렇듯이 커피 전문점으로 향했다. 커피 전문점에서 커피 두 잔을 주문한다. 커피 전문점 직원이 멤버십 카드가 있는지 물어본다.

○ ○ ○은 자신 있게 멤버십 카드를 가지고 있다고 답변을 하고, 두툼한 지갑을 연다. 두툼한 지갑을 열고, 여기저기 멤버십 카드를 찾아본다. 잘 보이지 않는다. 두툼한 지갑 안의 멤버십 카드를 모두 꺼낸다. 아마도 10장 정도가 되는 것 같다. 10장 정도의 멤버십 카드를 하나하나 넘기면서 일일이 확인을 한다.

슬슬 뒷사람의 눈치가 보인다. 오늘따라 커피 전문점에 유달리 사람들이 많이 있다. 10장의 멤버십 카드를 모두 보았는데, 커피 전문점 멤버십 카드는 보이지 않는다. 더는 시간을 끌 수가 없어서 겸연쩍은 미소를 지으며, 직원에게 "안 가져 왔네요." 하고 돌아선다. 뒤에서 줄 서 있는 다른 사람들의 눈총이 따가울 정도다.

1. 마케팅 관점의 스토리 만들기

스토리 구조	내 용
상황 (TPO)	커피 전문점에서 커피 주문 후 포인트 적립을 받기를 원한다.
갈등 (Needs / Pain—point)	두툼한 지갑에서 멤버십 카드가 보이지 않는다. 오늘따라 사람이 많아, 뒷사람의 눈치가 보인다. 멤버십 카드도 찾을 수 없다.
문제 해결 (사용 경험)	겸연쩍은 미소를 지으며 적립을 포기하고 돌아선다. (모바일 앱 사용) 모바일 멤버십 카드를 열어 적립을 받는다. 지갑을 두껍게 할 필요가 없다.

2. 마케팅 메시지 변환하기

구 분	내 용
스토리 축약	
키워드 추출	
문장으로 연결	
마케팅 메시지	

PART 03

앱 마케팅의 핵심 요소인 4E

앱 마케팅 요소는
무엇인가?

마케팅 요소인 4P와 4C

누구를 대상으로 마케팅을 할 것인지, 또는 어떤 메시지를 전달할 것인지를 결정했으면 다음으로 결정해야 할 사항은 바로 마케팅 요소와 그 방법이다. 마케팅 요소란 소비자를 설득하기 위해 무엇에 집중할 것인가를 결정하는 것, 즉 마케팅 방향을 결정짓는 핵심 포인트이며 마케팅 활동 시 고려해야 할 주요 요소이다. 현실적으로 당신이 가진 자원 모두를 마케팅 활동에 사용할 수 없으므로 효율적이고, 효과적인 마케팅 활동을 하기 위해서 반드시 알아야 한다.

마케팅 요소라 하면 흔히 4P를 떠올린다. 4P는 상품·서비스Product, 가격Price, 장소Place, 판촉활동Promotion 등을 의미하는 것으로, 기존의 마케팅에서 사용하는 대표적 마케팅 요소이다. 이 네 가지 핵심 요소를 어떻게 잘

혼합하느냐에 따라 마케팅 효과를 극대화할 수 있다. 기존 4P 외에 마케팅 요소로 4C가 있다. 4C는 콘텐츠Contents, 커뮤니케이션Communication, 커머스Commerce, 커뮤니티Community의 약자로 4P가 다변화된 현대 사회에 맞지 않는다고 하여, 소비자 관점에서 생성된 마케팅 요소로 주로 인터넷 마케팅에서 활용된다. 4C는 각 요소 간 상호 보완적 기능을 가지면서 인터넷 비즈니스의 효율 극대화를 끌어내고 4P와도 상호 유기적이고 보완적인 관계이다.

하지만 4P, 4C 등의 마케팅 요소는 앱 마케팅에서 그대로 적용할 수가 없다. 왜냐하면 앞서 PART 01에서도 설명했듯이 앱 마케팅의 환경이 기존 마케팅 환경과 다르기 때문이다. 마케팅 환경이란 상품, 서비스 구매 또는 이용 시 보이는 소비자의 행동, 상품이나 서비스가 판매되는 채널, 소비자와 판매자의 커뮤니케이션 방법 등 마케팅 수행 시 고려해야 할 요소를 의미한다. 기술, 산업의 발전에 따라 구매 시 보이는 소비자의 행동, 판매 채널 등 마케팅 환경이 변하였고 이에 맞추어 마케팅에 대한 새로운 접근 방법이 나타날 수밖에 없다.

기존 제조업 중심의 산업사회에서는 마케팅의 바이블Bible처럼 받아들여졌던 마케팅의 핵심 요소가 4P였다면, 서비스를 중심으로 한 산업에서는 소비자 관점의 4C가 주요한 마케팅 요소로 부각되었다. 인터넷을 중심으로 한 산업이 발전하면서 콘텐츠Contents, 커뮤니케이션Communication, 커머스Commerce, 커뮤니티Community 등의 4C가 새로운 마케팅 요소로 환영을 받았다. 이는 새로운 비즈니스의 발달 및 소비자 행동 변화 등 마케팅 환경의 변화에 따라 상품 구매 및 사용을 효과적, 효율적으로 유도하기 위한 마케팅 활동이 끊임없이 변화해 온 결과이다.

　따라서 효율적이고 효과적인 앱 마케팅을 하기 위해서는 앱 마케팅 환경에 맞는 새로운 마케팅 요소 및 마케팅 방법을 적용할 필요가 있다. 긴 터넷 비즈니스 환경 및 다변화된 현대 사회를 맞아 4C라는 새로운 마케팅 요소가 만들어졌던 것처럼 말이다. 이를 위해 변화된 앱 마케팅 환경 및 소비자의 행동에 대해 살펴보도록 하자.

비즈니스 환경에 따른 마케팅 요소의 변화

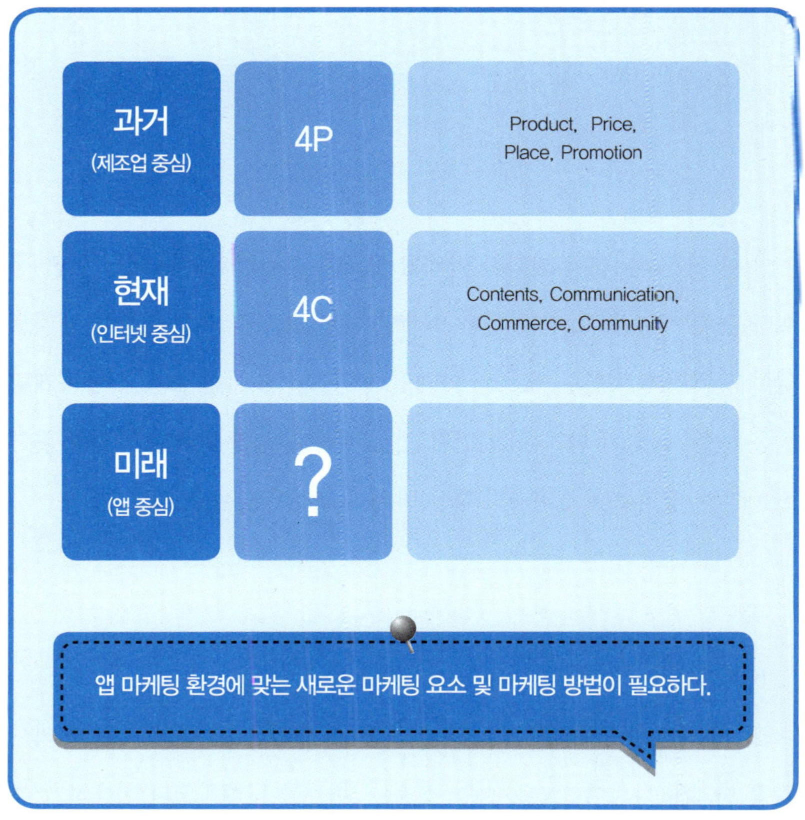

앱 마케팅 환경을 읽어라

앱이 활성화되면서 변화된 마케팅 환경과 소비자의 행동에는 어떤 점이 있는지 파악해 보자. 변화된 마케팅 환경 및 소비자의 행동을 제대로 알아야 거기에 적합한 새로운 마케팅 포인트를 찾아서 효율적인 마케팅 활동을 할 수 있기 때문이다. 먼저 앱 활성화로 인해 변화된 마케팅 환경에 대해서 살펴보고 소비자의 행동 변화에 대해서 알아보도록 하겠다.

마케팅 환경의 변화

앱 사용이 활성화되면서 나타난 가장 큰 변화는 첫 번째로 구매 의사 결정 단계의 파괴이다. 기존에는 상품, 서비스를 구매하거나 사용하기 위해서 일반적으로 알려진 『인지-탐색-평가-구매-구매 후 평가』라는 구매 의사 결정 5단계의 과정을 거쳤다. 상품이나 서비스에 대한 필요 인지, 관련 정보 탐색, 평가를 통한 구매, 구매 후 평가의 과정으로 연결되는 소비 행태가 이루어졌다고 한다면, 앱 구매(내려받기) 및 사용에는 더는 이러한 구매 의사 결정 과정이 작용하지 않게 되었다.

두 번째로 나타난 변화는 자유로운 앱 스위칭App Switching이다. 앱 스위칭이란 필요할 때 앱App을 설치해서 사용해보고, 마음에 들지 않으면 다른 앱으로 옮겨서 사용해 보는 앱 이용 방식이다. 앱 사용을 중단하고 다른 앱을 사용하는 데 있어서 비용Cost이 전혀 발생하지 않기 때문에 앱 사용 전환이 자유롭게 일어나게 되었다.

세 번째로는 구글 플레이 스토어Google play store, 원 스토어one store, 앱 스토어App Store 등 한정된 마켓 안에서 비슷비슷한 앱 간의 무한 경쟁이다. 상품이나 서비스의 경우는 온라인 쇼핑몰, 유통점 쇼핑몰, 오프라인 대형 유통점, 소규모 점포 등 다양한 형태의 마켓에서 경쟁이 이루어지고 있는 반면에 앱은 한정된 앱 스토어라는 공간에서, 특히 5.5인치 정도밖에 되지 않는 조그만 진열대에서 경쟁하고 있다.

네 번째로는 변화된 마케팅 목적이다. 상품이나 서비스의 마케팅은 상품이나 서비스의 가치Value를 소비자에게 소구해서 지갑을 열게 하는 것이 중요한 목적이지만, 사용자는 더는 앱을 구매(내려받기)하기 위해서 지갑을 열지는 않는다.

앱 스위칭이 자유롭게 일어나고 한정된 시장 안에서의 무한 경쟁이 이루어지고 있는 앱 마케팅 환경 아래에서는 전통적 구매 의사 결정 단계의 적용이 무의미하며, 이에 따라 각 구매 의사 결정 단계에서 활용되었던 마케팅 요소의 다양한 믹스Mix 전략, 즉 가격 전략, 유통 경로 전략, 채널 전략, 커뮤니케이션 전략 등 기존의 마케팅 방법이 통하지 않는다.

소비자 행동의 변화

소비자의 앱 구매 및 사용 시 나타난 소비자의 행동 변화에 대해 살펴보자. 상이한 앱 마케팅 환경에 따라 변화된 소비자의 행동을 알아야, 소비자의 행동에 맞는 최적화된 마케팅 활동을 할 수 있다.

앱이 활성화되면서 나타난 소비자 행동의 변화는 앱 사용 결정에 있어 자유로워졌다. 상품이나 서비스처럼 구매에 비용이 들어가거나, 구매 후 구매 의사 철회가 어렵지 않기 때문이다. 앱은 사용 결정 후 바로 앱 삭제를 통해서 취소가 가능하므로 앱 사용자들이 필요를 느끼거나 흥미를 느끼면 바로 사용 여부를 결정한다. 최근 들어, 상품이나 서비스의 경우 구매 의사 철회가 훨씬 쉬워졌지만, 여전히 구매 의사를 철회하기 위해서는 제품(상품)을 반송해주어야 하는 번거로운 절차가 남아 있다. 반면에 앱은 번거로운 절차 없이 단 한 번의 클릭(삭제)을 통해 사용 의사 철회가 가능하므로, 앱의 사용 및 사용 철회 사이를 자유롭게 오갈 수 있다. 흥미를 느끼거나 관심이 가면 바로 내려받기를 하고 실행해 보기도 하고, 앱 스토어를 검색하다가 새로 나온 앱을 보고 그 앱을 내려받아 설치하기도 한다.

두 번째, 소비자는 앱을 사용하기 위해 이것저것 비교를 하지 않는다.

사용 결정을 하는 데 있어서 투입하는 비용이 들지 않기 때문에 비교를 해 보고 사용 결정을 하는 것이 아니라, 일단 사용해 보고 최종 사용 결정을 하게 된다.

세 번째, 소비자는 상품처럼 구매 전 사용 여부를 결정하는 것이 아니라 앱을 내려받은(구매) 후 사용을 해보고 나서 사용 여부를 결정한다. 상품은 구매 의사 결정을 하고 사용하면 구매 의사를 철회할 수가 없지만, 앱은 사용 의사 결정 후에도 얼마든지 사용 의사를 철회할 수 있기 때문에 사용 여부를 미리 결정할 필요가 없다.

앱 활성화로 인해 마케팅 환경 및 소비자의 행동에서 다양한 변화들이 나타났으며, 기존 상품 중심의 마케팅 요소 및 마케팅 방법으로는 효율적, 효과적으로 앱 마케팅을 하기가 어렵다는 사실을 알게 되었다. 그러면 앱을 마케팅하는 데 필요한 마케팅 요소 및 마케팅 방법에는 무엇이 있을까?

- 앱 구매 시 구매 의사 결정 5단계의 과정이 적용되지 않는다.
- 앱 Switching이 자유롭게 일어난다.
- 한정된 마켓에서 유사한 앱 간 무한 경쟁을 한다.
- 소비자는 앱을 내려받기 위해 지갑을 열지 않는다.
- 앱에는 기존의 마케팅 방법이 통하지 않는다.

- 앱 사용 및 사용 철회가 클릭 한 번으로 가능하다.
- 앱 사용을 위해 이것저것 비교를 하지 않는다.
- 앱을 사용해 보고 사용 결정을 한다.

앱 마케팅의 핵심 요소인 4E

변화된 마케팅 환경 및 소비자의 행동 변화에 따라 앱 마케팅 시 가장 중요한 핵심 요소는 다음의 4가지로 정리할 수 있다.

- 어떻게 하면 앱 사용자에게 최대한 앱을 노출할 것인가? – 〈Exposure〉

- 어떻게 하면 사용자에게 앱 Value를 경험하게 해 줄 것인가? – 〈Experience〉

- 어떻게 하면 앱의 지속적 사용을 끌어낼 것인가? – 〈Execution〉

- 어떻게 하면 이러한 마케팅 활동을 효율적, 효과적으로 수행할 수 있을까? –

〈Effectiveness〉

앞서 언급한 것처럼 한정된 판매 채널 안에서 앱은 무한 경쟁을 하고 있다. 소비자들이 앱에 대해 인지하고 있어야 앱을 내려받거나 앱 사용이 이루어지는데, 앱을 내려받을 수 있는 마켓은 구글 플레이 스토어, 원 스토어, 앱 스토어 등으로 한정되어 있을 뿐 아니라 한 번 검색에 유사 앱이 250개 이상이 검색되는 등(예를 들어 '쿠폰' 단어로 검색 시 관련 앱 250개) 한정된 마켓 안에서 수많은 앱이 경쟁하고 있다. 따라서 소비자에게 '앱에 대한 인지를 어떻게 시킬 것인가?'하는 노출^{Exposure}이 앱 마케팅에 있어서 중요한 화두가 되었다. 앱을 내려받거나, 사용하도록 소비자를 유도하기 위해서는 앱 마켓 내에서 최대한 사용자에게 인지를 시키거나 외부 채널을 활용하여 소비자들이 앱에 대하여 인지할 수 있도록 해 주어야 한다.

다음으로 중요한 마케팅 요소는 앱의 가치^{Value}를 느끼게 해 주는 것이다. 앞서 이야기한 것처럼, 소비자들은 앱 사용을 결정하고 철회하는 데 있어서 비용(금전적 비용 및 시간 등을 포함)이 소요되지 않아 앱 사용 결정에 부담을 갖지 않는다. 따라서 상품과 달리 필요한 앱인지를 판단하기 위하여 여러 가지 앱을 검색·비교·평가하지 않고 그냥 내려받은 후 체험해 보고 사용 여부를 판단한다. 따라서 앱을 사용 또는 경험해 보는 과정에서 '사용자에게 어떤 가치를 제공해 줄 것인가?' 또는 '어떻게 하면 긍정적 사용 경험을 갖게 할 것인가'하는 Experience가 중요하다. 긍정적 사용 경험이란 앱을 사용(체험)하는 과정에서 앱에 대한 필요성 또는 앱이 제공하는 가치를 느끼게 되는 사용 경험을 의미한다. 기획 의도가 제아무리 좋고, 앱이 지향하는 가치가 높더라도, 앱을 경험(체험)하는 과정에서 가치를 느끼지 못하면 사용자는 앱 사용을 중단하게 된다. 비슷비슷한 앱들이 널려 있는 상황에서 사용하기가 불편할 뿐만 아니라, 불편을 참고서라도 사용할 만한 가치를 제공하지 못하는 앱을 계속해서 사용할 이유가 없다. 따라서 사용자들이 앱을 체험해 보고 좋은 경험을 갖도록 해 주는 것이 필요하다.

앱을 내려받고 실행을 했더라도 사용이 지속해서 이어지지 않으면 아무런 의미가 없다. 사용자들이 앱을 지속해서 사용하지 않고, 다수의 이탈자가 발생하게 되면 앱은 활성화되지 않는다. 앱 사용을 전환하기 위한 스위칭 코스트**Swiching Cost**가 '0'에 가깝기 때문에 소비자들은 쉽게 사용하는 앱을 바꾸게 된다. 비슷비슷한 가치를 제공하는 앱들이 하루가 멀다 하고 새로이 나오고 있다. 일반적으로 앱의 1개월 후 잔존율(앱 실행 후 1개월 후에도 지속해서 사용할 비율을 의미한다.)은 50% 내외로 지속해서 사용하는 비율이 낮다. 따라서 앱을 지속적으로 사용하도록 하는 실행**Execution**이 앱 마케팅에서는 가장 중요한 요소이다.

매일매일 새로운 앱들이 만들어지고 있고, 한정된 채널에서 비슷비슷한 앱들 간에 무한 경쟁을 하고 있으며, 대부분의 앱 내려받기에 비용이 들지 않는다. 그래서 소비자들은 앱을 내려받기 위해 앱에 대한 상세 정보를 검색하고 앱 간의 비교를 하지 않는다. 검색되는 많은 앱 중에서 간략히 살펴보고 앱 내려받기를 결정한다. 따라서 명확한 타겟을 대상으로 의도하는 정확한 메시지, 즉 앱 사용에 따른 사용 가치가 전달되지 않으면 앱 내려받기를 유도할 수 없다. 그러므로 원하는 고객에게 얼마나 정확하게 마케팅 메시지를 전달하느냐 하는 유의미성**Effectiveness**이 중요한 마케팅 요소가 된다. 마케팅 활동 전후뿐만 아니라 마케팅 활동 중에라도 대상 고객에게 마케팅 메시지가 정확히 전달되고 있는지, 대상 고객은 앱의 가치를 충분히 이해하고 있는지 등에 대해 점검을 해야 한다. 대상 고객에게 메시지가 정확히 전달되지도 않고, 전달되었다고 하더라도 명확히 이해하고 있지 못하다면 마케팅 활동은 아무 의미가 없는 활동이 되어 버린다.

4가지 마케팅 요소인 Exposure, Experience, Execution, Effectivenes는 다음의 그림과 같이 유기적으로 연결되어야 한다. 앱에 대한 인지를 높이는 Exposure를 위한 마케팅 활동들이 자연스럽게 앱에 대한 경험으로 연결되어야 하고, 앱의 긍정적 사용 경험을 통해 Experience 활동이 지속적인 사용으로 이어져야 한다. 또한, 앱에 대한 사용이 바이럴^{Viral} 등을 통해 추천으로 연결될 수 있도록 해야 한다. 그리고 이 모든 마케팅 활동들이 대상(Target)에게 명확히 전달되어 효율적, 효과적으로 실행되어야 한다.

앱 마케팅의 핵심 요소인 4E

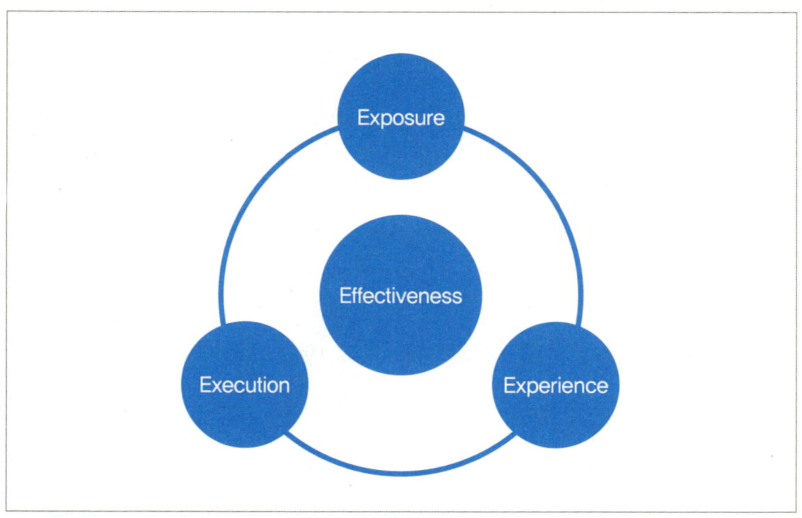

지금까지 마케팅 계획 및 활동 시 충분히 검토하고 고려해야 할 앱 마케팅의 핵심 4가지 요소인 4E (Exposure, Experience, Execution, Effectiveness)에 대해서 살펴보았다. 당신은 핵심 요소 4가지를 기반으로 마케팅 활동을 계획하고 있는가? 그렇지 않다면 지금 계획하고 있는 마케팅 활동에 대해서 점검해 보아야 한다. 앱 마케팅의 핵심 요소인 4E를 기반으로 한 앱 마케팅이 이루어질 수 있도록 해야 한다. 기존의 마케팅 방법으로는 효율적인 마케팅 활동을 기대하기도 어렵고, 앱 사용자들을 설득하기도 어렵다. 마케팅 핵심 요소를 기반으로 한 4E 앱 마케팅이 당신의 앱을 빛나게 해줄 성공 요인이 될 것이다. 다음 장부터는 4E 앱 마케팅의 핵심 요소 하나하나에 대해서 살펴보고, 그에 적합한 구체적인 마케팅 방법 등에 대해서 설명하도록 하겠다.

앱 노출을 강화하라!

Exposure 활동이 포인트다

직방, 여기어때, 배달통 앱 – 왼쪽부터

위의 3가지 앱의 공통점은 무엇일까?

대부분의 답변은 O2O 관련 앱, 가장 핫Hot한 앱 등일 것이다. 3가지 앱의 공통점은 바로 TV 광고이다. '직방', '여기어때', '배달통' 모두 요즘 한창 TV 광고를 하는 앱들이다. 이들 앱 외에도 최근에 TV를 보고 있으면 심심찮게 게임 광고를 볼 수 있다. 그것도 차승원, 황정민, EXID 같은 정상권 모델을 기용해서 광고하고 있다. 광고 물량 또한 만만치 않아 비용이 어림잡아 수십억 원이 들 것으로 추정된다. 게임뿐만 아니라 앞에서 언급한 '여기어때', '야놀자'와 같은 숙박업소 검색 앱부터 '배달통', '요기요' 등 배달 앱, '다방', '직방' 등 부동산 관련 앱들까지 다양한 카테고리의 앱들이 TV 광고를 진행하고 있다. 2013년까지만 하더라도 앱 광고를 보기가 힘들었으나 최근 들어 앱 관련 광고가 부쩍 많아지고 있다. 게임을 제외하고는 대부분 앱이 아직 수익을 제대로 내지 못하고 있는 상황에서 큰 비용을 들어서 광고를 하고 있다. 이처럼 앱 출시 초기에 대규모로 광고하는 이유는 앱 런칭 초기에 사용자를 많이 확보하려고 하기 때문이다. 과거처럼 앱 개발만 하면 사용자가 늘어나던 시대가 더 이상 아니므로, 다소간의 무리를 해서라도 초기에 대대적인 광고를 통하여 사용자를 확보하려고 한다.

마트의 과자류 진열 모습

나 여기 있어요!

왼쪽 사진은 대형 마트에 가면 쉽게 볼 수 있는 상품 판매 진열대이다. 사진에서 보는 것처럼 마트에 가 보면 상당히 많은 상품이 있고 종류도 다양하며, 같은 종류의 상품에도 가짓수가 엄청

나게 많다. 만약 여기에서 당신이 상품을 판매한다면 어떻게 해야 할까? 그냥 상품을 진열해 놓고 소비자가 알아서 구매해 주기를 기다리면 될까? 물론 그럴 수 있고 그 가능성도 가져야 한다. 하지만 현실은 진열대 내에서도 브랜드 파워가 굉장하며, 소비자가 알아서 직접 찾아 구매하는 독특한 상품이 아니라고 한다면 절대로 그런 일은 발생하지 않을 것이다. 있는 힘을 다해 소비자에게 "저 여기 있어요, 저 좀 봐주세요!"라고 힘껏 외쳐야 한다. 아니, 그냥 외치면 안 된다. 소비자가 잘 들을 수 있도록 독특하게 외쳐야 한다.

마트에 가 보면 정말 시끄럽다. 여기저기서 상품을 홍보하는 소리를 들을 수 있다. "1+1으로 드립니다!", "새로 나온 제품입니다!" 등 상품 판매원들이 있는 힘껏 다해 상품을 알리고 있는 것을 볼 수 있다. 그 외에도 소비자의 눈에 띄기 위해 다양한 방법으로 홍보하는 것을 볼 수가 있을 것이다. 가격 안내는 기본이고, '각종 할인 행사', '1+1', '사은품 제공' 등 다양한 행사 내용을 소비자 눈에 잘 띄게 상품 진열대 앞에 붙여 놓고 소비자의 관심과 흥미를 유발하기 위해 노력하고 있다. "나 여기 있어요!"라는 외침이 소비자에게 충분히 들리도록 안간힘을 쓰고 있다. 다른 상품들도 똑같이 외치고 있기 때문에 자신이 외치는 소리가 더 잘 들릴 수 있도록 큰 목소리로, 그리고 소비자의 관심을 끌 수 있는 다양한 방법으로 노력한다.

위에서 예를 든 마트에서의 상품 판매와 같이 소비자들이 앱에 대해 충분히 인지하고 알 수 있도록 하는 것이 앱 마케팅에서는 중요하다. 지금은 참신한 아이디어를 가지고 앱만 잘 만들면 알아서 사람들이 내려받는 시대가 아니다. 앱 마켓에는 수백만 개 이상의 앱이 등록되어 있지만, 사용자들의 모바일에는 고작 40여 개의 앱만 설치되어 있다. 더구나 40여 개 중 사용자가 자발적으로 설치한 앱은 20개도 되지 않는다. 스마트폰을 구입할 경우 이미 기본적으로 임베디드(스마트폰 구매 시 공장에서부터 앱이 설치되어 있으며, 이를 Embeded라고 함)되어 있는 앱도 상당수다. 따라서 당신이 아무런 활동도 하지 않는다면 앱 사용자에게 선택받을 수 있는 확률은 1%가 되지 않는다. 그렇기 때문에 사용자에게 선택받을 수 있도록 앱에 대한 인지를 확실히 시켜야 한다.

외부 Exposure 활동 vs 내부 Exposure 활동

소비자에게 자신의 앱을 알리고 인지시키는 모든 활동을 Exposure 활동이라고 한다. Exposure는 말 그대로 사용자에게 앱을 노출시키는 활동으로 사용자가 앱을 인지하고 내려받기 또는 실행할 수 있도록 유도하는 모든 활동을 포함한다. 언제, 어떤 활동을 진행하느냐에 따라 앱에 대한 소비자의 인지 정도가 달라질 수 있으므로, 효율적인 Exposure 활동을 수행하기 위해서는 언제, 어떤 Exposure 활동을 해야 하며, 각각의 장·단점은 무엇인지에 대해 알아야 한다.

앱 사용자들이 모바일(스마트폰, 이하 '모바일' 용어로 통일한다)을 사용하고 있는 경우에는 앱 내려받기 및 실행과 관련하여 마음이 열려 있는 상태이다. 모바일 사용 중에 누르기 1~2번으로 앱 내려받기 및 실행을 할 수 있기 때문에 앱 내려받기 및 실행에 대한 거부감이 전혀 없다. 반대로 모바일을 사용하고 있지 않은 경우에는 앱 내려받기 및 실행에 대해 준비가 되어 있지 않은 상태이다. 앱을 내려받기 위해서는 먼저 스마트폰을 실행해야 하는 번거로움이 존재한다.

예를 들어, 당신이 저녁에 소파에서 TV를 보고 있다가 앱에 대한 광그를 보았다고 가정을 해 보자. 바로 스마트폰을 찾아서 광고에 나온 앱을 내려받는가? 그렇지 않을 것이다. 또 다른 경우를 생각해 보자. 당신이 극장에서 앱과 관련한 광고를 보았다. 그러면 바로 내려받는가? 이 상황에서도 역시 그렇지 않을 것이다. "음, 재미있는 앱인데. 조금 있다가 내려받고 사용해 봐야지…" 할 것이다. 그리고 나서 절반 이상은 앱 내려받는 것을 잊어버릴 것이다. 이런 현상이 발생하는 이유는 사용자가 모바일을 사용하고 있지 않은 경우에는 사용자의 관심이 앱에 있지 않기 때문이다. 즉, 최우선 관심사가 TV나 영화에 있어, 앱 내려받기는 뒤로 밀리게 되는 것이다.

위의 예와 같이 소비자가 모바일을 사용하고 있지 않거나, 또는 사용하기 어려운 상황에서는 앱에 대한 인지가 발생 후, 앱을 내려받기까지 물리적 시간, 공간적 시간이 소요된다. 앱 내려받기를 하기 위한 제약이 발생하는 것이다. 반면, 모바일을 사용하고 있는 경우라면 사용자의 손에 모바일이 있으므로, 쉽게 앱 마켓에서 내려받기를 할 수가 있다. 사용자가 모바일을 사용하고 있다는 것은 이미 사용자의 관심이 스마트폰 및 스마트폰에서 사용할 수 있는 앱에 있다는 의미이다. 그러므로 앱을 내려받기 위한 물리적·공간적 제약이 전혀 발생하지 않으며, 언제든지 앱을 내려받고 실행할 준비가 되어 있게 된다. 이처럼 소비자가 모바일을 사용하고 있는 경우와 사용하고 있지 않은 경우에 따라 앱 내려받기 및 실행 가능성과 앱에 대한 인지 정도가 매우 달라진다. 따라서 Exposure 활동을 할 때는 위와 같은 소비자의 상황이 충분히 고려된 활동이 진행되어야 한다.

Exposure 활동은 소비자가 모바일을 사용하고 있는 경우와 모바일을 사용하고 있지 않은 상황에 따라 외부 Exposure 활동과 내부 Exposure 활동 두 가지로 분류할 수 있다. 외부 Exposure 활동이란 사용자가 모바일을 사용하고 있지 않은 상황에서 앱에 대해 알리는 활동을 의미한다. 사용자가 모바일을 사용하고 있지 않기 때문에 모바일을 통해 앱에 대해 알리는 활동들은 사용자에게 도달하지 않는다. 따라서 모바일 외의 채널을 통한 마케팅 활동을 해야 한다. 외부 Exposure 활동에는 모바일이 아닌 각종 광고(TV, 극장, 버스 광고) 활동, PR, 오프라인 프로모션 등이 해당하며(좀 더 자세한 외부 Expousure 활동 방법에 대해서는 다음 장에서 이야기하도록 하겠다) 불특정 다수를 대상으로 시행 가능하다. 앱 출시 초기에 인지도를 높일 수 있는 장점이 있는 반면에, 비용이 많이 들고 앱의 인지가 내려받기 및 실행으로 전환되는 비율이 낮은 단점이 있다.

내부 Exposure 활동이란 사용자가 모바일을 사용하고 있는 상황에서의 앱에 대해 알리는 활동, 즉 모바일을 통한 마케팅 활동을 의미한다. 사용자가 모바일(스마트폰)을 사용하고 있기 때문에 모바일 채널을 활용하여 앱을 알리는 마케팅 활동을 해야 한다. 내부 Exposure 활동에는 모바일 채널을 활용한 모바일 광고, 리워드 앱을 통한 설치 유도 활동, 검색 강화(좀 더 자세한 내부 Expousure 활동 방법에 대해서는 다음 장에서 이야기하도록 하겠다) 등이 해당된다. 내부 활동은 비용이 많이 들지 않고 내려받기 및 실행 비율이 외부 활동 대비 높지만, 앱 출시 초기 인지도 확보가 어렵다는 단점이 있다.

외부 Exposure 활동 vs 내부 Exposure 활동

구분	외부 Exposure 활동	내부 Exposure 활동
정의	사용자가 모바일을 사용하고 있지 않은 상황에서의 앱을 알리는 마케팅 활동	사용자가 모바일을 사용하고 있는 상황에서의 앱을 알리는 마케팅 활동
장점	불특정 다수를 대상으로 시행 가능 앱 출시 초기에 인지도 제고	비용이 저렴 내려받기 및 실행 비율이 높음
단점	고 비용 내려받기 및 실행 전환비율이 낮음	앱 출시 초기 인지도 확보가 어려움
주요 활동	각종 광고(TV, 극장, 버스 광고) 활동, PR, 오프라인 프로모션	모바일 광고, 리워드 앱을 통한 설치 유도 활동, 검색 강화

외부 Exposure 활동과 내부 Exposure 활동에 대한 정의 및 장·단점을 간략히 표로 정리하였다. 표에서 보는 것처럼 외부 또는 내부 Exposure 활동 중 어느 것이 더 효과적이라고는 할 수 없다. 앱 마케팅 상황에 따라 가장 효율적인 방법을 선택하면 된다. 다만, 외부 Exposure 활동은 비용이 많이 들고, 앱 인지가 내려받기 및 실행으로 연결되는 비율이 높지 않아, 이제 막 앱 마케팅을 시작하는 스타트업에게는 별로 권하고 싶지 않은 방법이다. 모바일 채널을 중심으로 한 내부 활동을 통해 Exposure를 높이는 활동을 먼저 시작할 것을 권한다. 그렇다고 해서 TV 광고 등이 나쁘다는 의미는 아니다. 앱 출시 초기에 많은 가입자를 확보하기 위해서는 효율적인 방법이며, 최근 2년 사이에 O2O 관련 앱들에서 트렌드처럼 보이는 활동

이다. 마케팅 비용을 많이 쏟을 여력이 있다면 충분히 고려해 볼 만한 방
법이다.

외부 Exposure 활동

외부 Exposure 활동이란 모바일이 아닌 모바일 외부의 다양한 채널을 활용하여 앱에 대해 알리는 마케팅 활동이다. 어떤 채널을 활용하든지 앱에 대해서 소비자(사용자)에게 인지시킬 수만 있다면 적극적으로 활용하면 된다. 외부 Exposure 활동에는 TV나 신문 광고, 버스 정류장 광고, 버스 Wrapping 광고, 포털 사이트 배너 광고 등 각종 광고가 있으며, 오프라인 매장에 설치되는 각종 포스터, POP 및 오프라인 프로모션 등도 해당된다. 이 중 어떤 마케팅 활동을 선택할 것인지는 전적으로 당신의 선택에 달려있다. 다만, 외부 Exposure 활동을 선택할 때 다음의 두 가지 사항을 반드시 고려해야 한다.

외부 Exposure 활동 시 고려사항

- 사용자의 Needs(갈등)이 반영된 강력한 메시지 제공을 통해 시간적·공간적·심리적 Barrier를 줄여준다
- 사용자의 Context와 연관성을 높여야 한다.

강력한 메시지를 사용자에게 전달하라

외부 Exposure 활동의 목적은 소비자(사용자)에게 앱에 대해 인지를 시키고 내려받기 및 실행을 유도하는 것이다. 따라서 외부 Exposure 활동을 선택할 때는 앱에 대한 노출, 인지 가능성만을 고려하여 선택해서는 안 된다. 앱 내려받기 및 실행으로의 연결 가능성까지를 고려해야 한다. 앞 장에서 이야기했던 것처럼, 외부 Exposure 활동에는 앱 인지 후 내려받기 및 실행으로 연결되기까지는 시간적·공간적 제약이 존재한다. 외부 Exposure 활동의 성공은 얼마나 시간적·공간적 제약을 극복할 것인가에 달려있다고 해도 틀린 말이 아니다.

외부 Exposure 활동을 시행할 때는 앱 인지 후 내려받기 및 실행까지의 시간적·공간적 제약을 뛰어 넘을 수 있는 강력한 메시지를 사용자에게 전달해야 한다. 어느 정도 시간이 지나거나 환경이 바뀌어도, 앱을 기억해 낼 수 있을 정도로 강력한 메시지를 전달해야 한다. 이를 위해서는 사용자에게 전달하는 메시지가 사용자의 관심과 흥미를 끌어야 한다. 즉, 앱이 전달하고자 하는 가치Value를 명확히 느낄 수 있도록 해 주어야 한다. 앱

을 통해 무엇을 얻을 수 있는지를 사용자가 느낄 수 없다면 앱 내려받기 및 실행까지 연결되지 않는다. Expousure 활동의 목적은 단순히 '앱이 있다'라는 것을 인지시키는 데만 있지 않다. 궁극적으로 앱 내려받기와 실행을 유도하기 위한 활동이다. 소비자가 아무런 관심을 갖지 않는다면 내려받기 및 실행이 일어나지 않는다.

소비자의 관심을 끌어야 한다고 해서 메시지가 무조건 재미있기만 해서는 안 된다. PART 01에서 언급했던 것처럼 메시지가 너무 강렬하면 소비자들은 다른 내용은 모두 잊고 정작 광고만 기억할 수 있다는 사실에 유념해야 한다. 가장 좋은 마케팅 메시지는 PART 02에서 이야기했던 것처럼 'TPO, 갈등, 문제 해결'을 포함해야 한다는 사실을 기억하기를 바란다. 스토리가 오랫동안 잊혀지지 않고 기억에 남는 것처럼, 관심과 흥미를 끄는 강력한 메시지는 사용자에게 오래 기억될 것이다. 반대로, 메시지가 무엇을 전달하고자 하는지가 명확하지 않으면, 소비자는 앱을 통해 무엇을 얻을 수 있는지, 어떤 가치를 얻을 수 있는지 인지할 수 없게 되고 결국 앱인지가 앱 내려받기 및 사용으로 연결되지 않는다. 명확한 메시지를 전달하는 것이 얼마나 중요한지 다음의 예를 통해서 알아보자

다음의 두 사진은 대표적인 숙박 예약 앱인 '야놀자'와 '여기어때' 앱의 TV 광고 사진이다.

「야놀자」 앱의 TV 광고

「여기어때」 앱의 TV 광고

먼저 '야놀자' 앱이 전달하는 메시지가 무엇이었는지 기억하고 있는가? '여행 정보 제공', '숙박 예약' 등등 무엇인지 잘 모르겠다. TV 광고를 보고 나서 한참을 "저게 무슨 앱이지?"하는 생각이 들었다. 광고 모델만 기억에 남은 것 같다. TV 광고를 통해 전달하고자 하는 메시지가 명확하지 않기 때문에, 소비자들이 TV 광고를 보고도 앱 사용을 통해 어떤 가치를 얻을 수 있는지 알 수가 없다. 또 다른 앱인 '여기어때'를 살펴보자. '여기어때'가 TV 광고를 통해 전달하고자 하는 메시지는 명확하다. '숙박 검색과 예약' 관련 앱이라는 것을 바로 알 수 있다.

사용자의 Context와 연관성을 높여라

외부 Exposure 활동 방법을 선택할 때 유의하여야 할 두 번째 사항은 앱 사용자(사용자란 앱을 사용할 사용자를 의미한다)의 Context와 연관성이 높은 매체와 시기를 잘 선택해서 진행해야 한다는 것이다. 매체와 시기를 잘 선택해야 한다는 말은, 앱 사용자의 Context를 충분히 고려하여야 한다는 의미이다. 외부 Exposure 활동은 사용자의 눈에 잘 띄기는 하지만, 사용자의 Context와 연결되지 않으면, 정작 앱을 사용해야 할 상황에는 잘 떠올리지를 못한다.

예를 들어, 오전 휴식시간에 광고를 한다고 생각해 보자. 오전 휴식시간은 출근해서 열심히 일을 하고 잠깐 쉬는 시간이거나 또는 전업주부의 경우 아이를 학교에 보내고 집안일을 하면서 잠깐 쉬는 시간일 것이다. 이런 휴식시간에는 대부분 앱 사용자는 커피 한 잔을 마시면서 자신에게 주어진 잠깐의 여유를 즐긴다. 이때 배달앱 광고, 택시 앱 광고 등이 앱 사용자에게 노출된다고 하면 사용자들의 관심을 끌 수 있을까? 사용자의 관심을 끌지는 못할 것이다. 광고를 보는 동안은 인지할 수 있지만, 사용자의 관심은 다른 것에 있기 때문에 광고에 대한 관심을 가지를 않을 뿐더러 광고를 본다고 하여도 앱에 대한 기억이 오래 가지는 않는다. 사용자에 따라 다르겠지만, 잠깐의 휴식 도는 여가시간에 주로 생각하는 것들은 배달이나 택시와는 관련이 없는 것들이 대부분이다.

반면에 이런 짧은 휴식시간에 노출되는 트렌드Trend가 반영된 패션 스타일, 여행 등과 관련된 앱에 대한 광고는 더 오래 기억될 수 있을 것이다. 많은 사용자들이 여가시간을 자신만을 위한 시간으로 생각하고 있어 여행, 쇼핑 등에 대한 관심이 높다. 따라서 여행, 쇼핑 관련된 앱의 광고 또는 메시지는 사용자의 관심을 끌기도 쉽고 더 오래 기억된다.

배달류 앱들의 TV 광고가 언제 가장 많이 방송되는지 아는가? 대부분 저녁 9시를 넘어서이다. 이 시간대는 저녁을 먹고 나서 어느 정도 시간이 지나고, 야식이 생각나기 시작하는 시간이기도 하며, 저녁식사를 하지 못했을 경우 사용자들이 고민 – 집에서 식사할까? 배달시킬까? – 을 하고 있는 시간이기도 한다. 즉, 배달에 대한 관심이 높은 시간대이다.

지금까지 소비자의 인지를 늘리고 내려받기 및 사용을 유도하기 위한 외부 Exposure 활동에 대해 살펴보았다. TV 광고부터 포털 사이트 배너 광고까지 무엇을 선택하든 상관없지만, 외부 채널을 활용한 Exposure 활동을 추진할 때는 반드시 다음의 사항을 반영하여야 한다는 사실을 잊어서는 안 된다.

외부 Exposure 활동 추진 시 유의사항

- 사용자의 니즈, 불편 사항 등 앱 사용 Value가 반영된 강력한 메시지로 사용자의 관심과 흥미를 유도
- 사용자의 Context와 연관성이 높은 매체와 시기의 선택

내부 Exposure 활동

내부 Exposure 활동이란 모바일을 통해 소비자(앱 사용자)에게 앱에 대해 알리고 내려받기 및 사용을 유도하는 다양한 마케팅 활동이다. 내부 Exposure 활동은 앱 마케팅을 시작하는 당신에게 가장 필요한 활동이다. 과다한 마케팅 비용을 투입하지 않고, 앱 론칭 초기에 가입자를 확보할 수 있는 가장 기본적인 방법이다. 가입자(또는 사용자)가 어느 정도 확보되고 나면 다양한 외부 Exposure 활동을 통해 가입자(사용자)를 확보하면 된다. 외부 Exposure 활동 없이도 내부 활동만으로도 많은 성과를 내는 앱들도 있다. 대표적인 예가 '언니의 파우치' 앱이다. 광고 없이도 내부 Exposure 활동만으로도 150만 명 이상의 내려받기를 기록하였다.

과연 어떤 활동을 통해 이런 성과를 낼 수 있었을까? 지금부터 알아보도록 하자. 구체적인 마케팅 방법에 대해서는 PART 04에서 자세히 알아보도록 하고, 여기서는 내부 Exposure 활동 추진 시 유념해야 할 사항에 관해서 설명하도록 하겠다.

앱 마켓 내 상위에 올려라

앱에 대해 충분히 인지시키고 내려받기 및 사용을 유도하기 위해서는 앱을 앱 마켓 내 상위 순위에 올릴 수 있는 활동을 하여야 한다. 사용자는 앱을 찾기 위해 검색하지만, 검색 결과를 2페이지 이상 넘어가지는 않는다. 따라서 사용자 눈에 띄려면 무조건 1~2페이지 안에 들어야 한다. 앱이 속한 카테고리 내 25위 안에는 들어야 한다는 의미다. 검색 상위에 올라가 있으면 대부분의 사람들 관심을 끌 수 있게 된다. '많은 사용자들이 사용하는 앱이라 다른 앱들과는 차별화된 무언가가 있을 거야! 한번 내려받아 봐야지'라고 생각할 확률이 높다.

앱을 마켓 내 상위에 랭크시키기 위해서는 앱 마켓에서 정확히 밝히지 않고 있지만, 대략 앱 내려받기가 많이 이루어져야 하며 앱에 대한 평가가 좋아야 한다. 따라서 앱 내려받기를 많이 시킬 수 있는 방법에 대해 고려해 볼 필요가 있다. 앱을 마켓 내 상위에 랭크시키기 위한 방법으로는 CPI 등의 방법이 있으며, 다음에 더 자세히 설명하도록 하겠다.

자주 검색되도록 하라

또 다른 방법으로는 앱이 자주 검색되도록 하는 활동이 이루어져야 한다. 앱 사용자들은 앱의 정확한 이름을 알지 못하는 경우가 많아 종종 비슷한 키워드로 검색하기도 한다. 따라서 유사한 내용만으로도 앱이 검색될 수 있도록 해 주어야 한다. 눈에 자주 보일수록 친숙해진다. 아무리 마음에 안 드는 사람이라도 자꾸 보면 정이 드는 것처럼, 사용자가 원하지 않는 앱이라도 자꾸 눈에 보이면, 한 번쯤은 호기심이 생겨 내려받기 및 실행을 할 수가 있다. 앱이 자주 검색되도록 하는 방법에는 키워드 변경, 앱에 대한 설명 문구 확장 등 다양한 방법이 있다.

관심과 흥미를 줘라

외부 Exposure 활동과 마찬가지로 내부 Exposure 활동 역시 사용자의 관심과 흥미를 일으킬 수 있도록 해야 한다. 특히, 메시지가 사용자의 관심과 흥미를 일으킬 수 있어야 사용자의 기억 속에 오래 남고, 내려받기 및 실행 확률이 높아진다. 사용자는 내려받기 이전에 앱 사용이 도움될 수 있는지 평가한다. 아무리 앱을 내려받고 사용하는 데 있어서 시간이나 비용 등의 노력이 들지 않더라도 검색되는 모든 앱을 다 내려받고 사용해 볼 수 없으므로 앱 내려받기 이전에 가치^{Value} 제공 여부를 확인해 보고자 하는 것이다. 따라서 소비자의 눈에 띄는 메시지를 제공해야 선택을 받을 수 있다. 구체적으로 메시지를 통해 소비자의 관심과 흥미를 끄는 방법들에 대해서는 PART 04에서 설명하도록 하겠다.

사용자 Context와 앱 연관성을 높여라

모바일 중심의 내부 Exposure 활동 시에도 사용자의 Context와 앱의 연관성을 높여야 한다. 소비자들 대부분은 특정 행동을 하고 있을 때 그와 관련된 내용에 대해서는 쉽게 인지하고 이해할 수 있지만, 관련이 없는 내용에 대해서는 인지하지 못하거나 쉽게 기억하지 못한다.

'보이지 않는 고릴라' 실험에 대해서 한 번쯤은 들어 보았을 것이다. '사람들이 집중하지 않은 부분에 대해서는 인지를 못 하는 경우가 많다'라는 사실을 알려주는 유명한 실험이다. '보이지 않는 고릴라' 실험에 대해 포털 사이트에서 검색해 보면 자세히 설명해 주고 있으므로 찾아보기를 바란다.

예를 들어 버스 정류장에 있는 사람들은 버스가 언제 오는지 또는 버스를 기다리는 지루한 시간을 보내는 것 등에 대해 신경을 집중하고 있다. 사용자의 이런 Context에서는 버스 도착시각을 알려주는 T-map 대중 교통앱, 시간을 보낼 수 있는 게임 등 사용자가 현재 처해 있는 상황과 관련된 앱을 쉽게 인지하고 쉽게 기억한다. 따라서 내부 Exposure 활동에서도 사용자의 Context와 연관성을 고려한 활동이 진행되어야 한다.

지금까지 내부 Exposure 활동 추진 시 유념해야 할 사항에 관해서 이야기를 하였다. 어떤 활동을 하든지 모바일을 기반으로 소비자에게 앱에 대해 인지시키고 내려받기 및 사용을 유도하기 위한 마케팅 활동을 계획할 때는 다음의 4가지 사항을 반드시 지켜야 한다는 사실을 잊어서는 안 된다.

내부 Exposure 활동 추진 시 유의사항

- 앱을 앱 마켓 내 상위 순위에 올릴 수 있는 활동을 하여야 한다.

- 앱이 자주 검색되도록 하는 활동이 이루어져야 한다.

- 전달하는 메시지가 사용자의 관심과 흥미를 일으킬 수 있도록 해야 한다.

- 사용자의 Context와 연관성이 높은 매체와 시기를 선택해야 한다.

앱에 대한
체험을 활용하라!

경험이 앱 선택을 좌우한다

앱을 소비자(앱 사용자)에게 충분히 인지시켰으면, 앱을 내려받고 사용할 수 있도록 유도하는 마케팅을 해야 한다. 소비자(앱 사용자)에게 앱을 알리고 인지를 시켰더라도, 사용자가 앱을 내려받아 사용하지 않는다면 의미가 없다. 앱을 사용하도록 유도하는 방법 중 가장 좋은 방법은 앱을 직접 체험해 보도록 하는 것이다. 직접 사용해 보고 앱이 제공하는 가치 등을 경험한 후에 사용자 스스로 판단할 수 있도록 하는 것이 가장 좋은 마케팅 방법이다.

마트에 가 보면 무료 시식 코너가 있다. 무료 시식 코너에서 대부분 한 번쯤은 무료로 시식해 보았을 것이다. 제조사 또는 유통사들이 시식 코너를 운영하는 이유는 소비자가 자사 제품을 체험할 수 있도록 하기 위해서

이다. 새로운 제품의 출시를 알리거나 구매 유도를 위해서 시식 행사를 한다. 식품 같은 경우 기존에 사용하던 식품(브랜드)이 있으므로 새로 나온 식품(브랜드)을 구매할 확률이 높지 않다. 소비자는 새로 나온 식품의 맛에 대해 알지 못하기 때문에 구매해도 괜찮을지, 입맛에 맞을지 등을 고민하게 된다. 그래서 직접 식품을 시식하도록 해서 소비자가 기존에 사용하던 식품과 비교하여 우월하거나 차이가 없음을 알게 하려고 시식 코너를 운영하는 것이다.

식품에서만 체험 행사가 이루어지고 있는 것은 아니다. 다음의 사진은 LG전자에서 시행한 전자제품의 무료 체험 마케팅이다. LG전자에서 기존에 없던 새로운 형태의 전자제품(의류관리)을 출시 후 제품에 대한 인지 확산과 이를 통한 바이럴Viral을 염두에 두고 체험 행사를 진행하였다. 신제품은 기존에 없던, 즉 소비자가 전혀 사용해 보지 않았던 새로운 형태의 제품으로, 소비자 입장에서는 굉장히 낯설고 어색하기 때문에 쉽게 구매

LG전자의 스타일러 무료체험 광고 화면

가 이루어지지 않는다. 따라서 체험을 통해 제품에 대한 어색함을 없애고, 제품의 특징에 대해 알릴 수 있으면 제품에 대한 소비자들의 인지도를 높일 수 있다. 그뿐만 아니라 체험을 통해 입소문 효과를 노릴 수 있어 체험 마케팅을 활용한다.

위의 예에서 본 것처럼 체험Experience은 신제품이 나오거나 기존의 제품이라고 하더라도 소비자들이 잘 인지하지 못할 때 주로 사용하는 마케팅 방법이다. 제품에 대해서 소비자에게 설명하더라도 제품의 차이점 또는 특징을 소비자들은 느끼지 못하는 경우가 많다. 이럴 때 소비자들이 직접 체험하고 다른 제품과의 차이점 및 특징을 직접 느낄 수 있도록 해 주는 것이 필요하다. 직접 사용해 보고 차이점, 특징 등을 알게 되면 제품을 구매할 확률이 높아지기 때문이다. 체험 마케팅이 사용되는 영역은 식품, 화장품, 의류, 신발 등 소비자가 제품을 직접 사용해 보지 않고서는 특징 및 차이점을 명확히 느낄 수 없는 제품이나 상품에 많이 사용된다. TV를 판매하는 매장에서 계속 TV를 켜놓는 것도 화질을 직접 보고 느낄 수 있도록 하기 위한 체험 마케팅의 일종이다.

체험을 구매와 사용으로 연결

그러면 무조건 체험만 하게 하면 구매 또는 사용할 확률이 높아질까? 그렇지는 않다. 체험할 때 소비자가 사용 가치Value를 느끼지 못한다면 체험이 구매로 이어지지 않는다. 마트의 시식 코너에서 시식을 통해 구매의 필요성을 느끼지 않으면 무료로 시식했다고 해서 전부 구매하지 않는 것처럼, 체험을 통해 제품 사용에 따른 특정 가치, 즉 구입의 필요성을 느끼지 못하면 체험이 구매로 이어지지는 않는다. 그럼 어떠한 앱 사용 경험을 제공해야 체험이 구매 및 사용으로 연결될 수 있을까?

자주 가던 식당이 지겨워서 새로운 맛집을 찾기 위해 도전을 하는 경우가 종종 있었을 것이다. 기존에 가던 곳이 아닌 새롭게 도전한 음식점에서 식사했던 경험을 생각해 보자. 식당을 선정할 때 어떤 행동을 했고 어떻게 결정했는지 떠올려 보라.

식당을 선택하기 위해서 당신은 제일 먼저 어떤 식당인지를 파악할 것이다. 어떤 음식을 판매하는지 살펴보고, 다음으로 음식점의 외부 모습을 확인해 볼 것이다. 음식점 외부가 깔끔한지, 음식점 주변의 상태는 어떠한지, 음식점에 얼마나 많은 사람이 이용하고 있는지도 확인할 것이다. 음식점에 사람이 많이 있다면 맛있는 집으로 추측할 것이고, 사람이 없다면 맛이 없는 집으로 판단하게 될 것이다. 식당을 이용하기로 결정했다면 다음으로 살펴보는 것은 음식점 내부의 모습일 것이다. 음식점 청결 상태는 어떠한지, 종업원들의 마인드는 어떠한지, 서비스는 좋은지, 나쁜지 그리고 다른 손님들의 반응도 살펴볼 것이다. 음식이 나온 후에는 음식이 맛있는지 없는지를 확인해 보고, 식사하고 나서는 가격에 대해 평가를 할 것이다. 가격에 대한 평가는 단순히 가격이 높고 낮음이 아니라 상대적인 평가가 될 것이다. 음식 맛에 대비해서 비싼지 아닌지 또는 다른 음식점에 대비해 비교할 것이다. 음식점을 이용하고 난 후에는 의식적이든지 무의식적이든지 항상 음식점에 대해서 평가를 한다. "이 집은 나중에 와도 되겠다." 또는 "다시는 오지 말아야겠다", "아주 가끔 올 만한 집이다", 그리고 때로는 주변 사람들에게도 음식점에 대한 평가를 이야기할 것이다.

식당을 선택하는 과정이 너무 복잡하게 느껴지는가? 너무 길게 설명이 되어서 복잡하게 느껴질 수 있지만, 전혀 그렇지 않다. 아래의 간략하게 정리한 행동 패턴을 보기 바란다. 당신은 느끼지 못할 수 있지만, 새로운 식당을 이용할 때 대부분이 무의식적으로 보이는 행동이다.

<h3 style="text-align:center">음식점 선택과 평가의 과정</h3>

❶ 외관을 살핀다(이용해도 괜찮을지 확인한다).

❷ 내부 환경을 본다.

❸ 주문한다.

❹ 종업원들의 친절, 서비스 여부를 확인한다.

❺ 맛을 확인한다.

❻ 가격을 확인한다.

❼ 음식점에 대한 종합 평가를 한다.

당신은 위와 같은 과정을 걸쳐 음식점에 대해 평가를 하고 추후 이용 여부에 관해 결정할 것이다. 음식점을 이용한 경험이 좋았으견 다음에도 계속 이용할 것이고, 반대로 이용 경험이 좋지 않았다면 다시 이용하지 않을 것이다.

어떤 경우에 음식점이 괜찮았다고 평가를 하는가? 음식 맛이 좋았을 때, 아니면 식당 분위기가 좋았을 때, 서비스가 좋았을 때, 아마 전반적으로 모든 부분에서 만족했을 때 '괜찮았다'고 평가할 것이다. 때로는 일부분에서 불만족스럽더라도 이용할 것이다. 음식 맛이 탁월하지 않더라도 그럭저럭 먹을만하다고 생각되면, 다른 조건들이 만족스러우면 그냥 이용할 것이다. 반대로, 종업원 서비스, 내부 환경 등이 만족할 만한 수준이 아니라도, 음식 맛이 탁월하다면 이용할 것이다. 그러나 여러 평가항목 중에 한 항목이라도 최악의 경험을 하게 된다면 다시는 이용하지 않을 것이다. 음식 맛이 형편없을 때는 아무리 내부 환경이 좋고 서비스가 좋아도 이용하지 않을 것이고, 반대로 음식 맛이 좋더라도 종업원의 서비스 또는 내부 환경에서 참을 수 없는 경험을 하게 되면 이용하지 않을 것이다.

결국, 소비자는 식당 이용을 통해 얻는 가치Value가 식당 이용을 위해 투입하는 비용, 노력 대비 크면 지속해서 식당을 이용하고, 그렇지 않으면 이용하지 않는다. 식당 이용을 통해 얻는 가치는 음식의 맛, 내부 환경, 종업원 서비스 등의 여러 요소가 복합적으로 작용해서 나타난다. 이를 수식으로 나타내보면 아래와 같다.

따라서 한 요소라도 (-)가 되면, 식당 이용을 통해 얻는 Value(가치)는 (-)가 된다. 그러므로 소비자의 전체적인 이용 경험이 (+)가 될 수 있도록 해 주어야 하고, 식당 이용의 가치가 투입 비용보다 크게 해주어야 소비자는 지속해서 식당을 이용하게 된다.

앱을 선택하고 이용하는 과정 역시 위에서 예를 든 음식점을 선택하고 이용하는 과정과 유사하다. 주변에서 앱에 대해 추천받거나 여러 가지 Exposure 활동에 노출되어 앱을 인지하게 되면, 제일 먼저 앱이 어떤 종류의 앱인지 검색을 통해 확인하고, 앱을 통해 무엇을 얻을 수 있는지에 대해 앱에 대한 설명 또는 사용자의 리뷰Review를 통해 확인할 것이다. 다음으로 앱을 내려받아 설치하고 앱을 사용해 보고 여러 가지 기능 및 사용 편의성 등에 대해 살펴볼 것이다. 사용 후에는 앱이 제공해 주는 효용성 등에 대해 평가를 하고 지속 사용 여부를 결정할 것이다. 대략 당신이 앱을 선택하고 이용하는 과정을 이야기해 보았다. 음식점을 선택하고 이용하는 과정과 비슷할 것이다. 여기서 센스있는 분은 음식점뿐만 아니라 대부분 서비스가 이러한 과정을 통해 선택되고 이용된다는 것을 느낄 수 있을 것이다. 그래도 믿지 못하겠으면 다음의 표를 보면 얼마나 비슷한지 쉽게 이해할 것이다.

음식점과 앱의 선택 및 이용 과정 비교

음식점 선택 및 이용 과정	앱 선택 및 이용 과정
• 외관을 살핀다.	• 어떤 종류의 앱인지 확인한다.
• 내부 환경을 본다.	• 앱에 대한 설명, 리뷰를 확인한다.
• 주문한다.	• 앱을 내려받고 설치한다.
• 종업원들의 친절 여부, 서비스를 본다.	• 사용 편의성을 확인한다.
• 맛, 가격을 확인한다.	• 앱이 가져다주는 Value(효용)에 대해 평가를 한다.
• 음식점에 대한 종합 평가를 한다.	

위와 같은 앱 사용 경험이 어떻게 구매 및 사용과 연결될까? 앱의 지속 사용 여부 결정도 음식점 이용 여부 결정과 동일하게 앱 사용을 통해 얻게 되는 가치가 앱 사용을 위해 투입하는 시간, 비용, 노력 등의 Input보다 클 때 이루어진다. 앱은 내려받기 및 사용을 위해 투입하는 시간, 노력 등의 비용이 별도로 필요하지 않기 때문에 앱 사용 가치에 따라 앱 사용 여부가 결정된다. 사용자가 앱을 체험하는 과정에서 물리적·심리적 불편을 느낀다면 사용자는 앱을 사용하지 않는다. 비슷한 종류의 앱들이 널려 있는 상황에서 불편을 참으면서 앱을 지속적으로 사용할 이유가 없는 것이다. 다시 말하면, 앱을 사용했을 때 긍정적 사용 경험을 갖지 못하면 사용자는 앱을 사용하지 않는다. 긍정적 사용 경험이란 앱 사용으로부터 얻게 되는 혜택, 사용 편의성, 재미 등의 다양한 요소가 복합적으로 작용해서 나타나는 (+)의 사용 경험을 의미한다. 이를 수식으로 나타내보면 아래와 같다.

> **앱 사용 Value(가치)**
> **= 혜택 × 사용 편의성 × 기타 요소**

따라서 한 요소라도 (-)가 되면, 앱 사용 가치는 (-)가 된다. 그러므로 앱 사용 경험이 (+)가 되도록 하는 긍정적 사용 경험을 제공해 주어야 앱의 지속적인 이용이 가능해진다. 긍정적 사용 경험을 제공해 주는 데 필요한 것들은 무엇이 있는지 다음 장에서 살펴보도록 하겠다.

긍정적 사용 경험을 제공해라

앱 사용 경험은 앱 사용으르부터 얻게 되는 혜택, 사용 편의성 등 다양한 요소가 복합적으로 작용해서 형성된다. 따라서 앱 체험을 유도할 때는 반드시 부정적 사용 경험을 주지 않도록 주의해야 한다. 부정적 사용 경험(-)을 주게 되면, 앱 사용을 통해 얻는 혜택이 아무리 높아도 전체적인 앱 가치는 (-)가 된다. 앱 가치가 (-)가 되면 사용자는 앱 체험 및 사용을 할 이유가 없게 된다. 따라서 앱 사용 경험이 (-)가 되지 않고 (+)가 될 수 있도록 해야 한다. 즉, 긍정적 사용 경험을 제공해 주어야 한다. 긍정적 사용 경험을 제공해 주어야 체험을 사용으로 연결할 수가 있다. 지금부터 간략하게 사용 경험이 (+)가 되게 하는 방법에 대해서 살펴보도록 하자.

첫인상이 중요하다

긍정적 사용 경험을 제공하기 위해서는 무엇보다도 먼저 좋은 첫인상을 남겨야 한다. 첫인상이 사람과의 관계에서 얼마나 많은 영향을 끼치는지 아는가? 사람과 사람과의 관계에서 첫인상이 관계 형성의 70%를 차지한다고 한다. 다른 사람과의 첫대면에서 좋은 인상을 남기지 못하면, 처음의 좋지 않은 인상이 지속하는 것처럼, 앱 역시 소비자와의 첫대면에서 좋은 인상을 남기지 못하면 앱 사용을 유도하기 어려워진다.

예를 들어 당신이 식당을 갔을 경우를 생각해 보자. 식당을 들어섰을 때 내부가 정리되어 있지 않고 어수선하거나 지저분하다고 하면, 거기서 음식을 먹고 싶은 마음이 들겠는가? 아마 십중팔구는 그냥 돌아서서 나와버릴 것이다. 이와 마찬가지로 앱을 내려받고 실행했을 때, 앱이 굉장히 복잡하거나 깔끔하지 못하다면 어떤 생각이 들겠는가? 식당의 경우처럼 바로 나와버리게 될 것이다.

앱에 대한 첫인상을 좋게 하는 방법에는 고객 관점의 앱 설명 문구, 쉬운 튜토리얼Tutorial, 편리한 UI 등 다양한 방법이 있다. 이에 대해서는 PART 04에서 자세히 설명하도록 하겠다.

마케팅 메시지와 경험이 일치해야 한다

긍정적 사용 경험을 제공해 주기 위해서는 소비자에게 전달되는 마케팅 메시지와 앱 사용 후 얻게 되는 사용자의 경험이 일치해야 한다. 마케팅 메시지를 통해 소비자는 앱에 대해 일정 수준의 기대를 하게 되고, 앱 사용을 통해 이런 기대를 충족시키고자 한다. 앱을 사용했을 때 사용자가 기대하고 있는 수준의 경험을 제공하지 못한다면 당연히 (-)의 사용 경험, 즉 부정적 사용 경험이 발생하게 된다. 앞서 이야기한 것처럼 부정적 사용 경험을 갖게 되면 사용자는 앱을 더 이상 사용하지 않는다. 앱 사용을 통해 앱에 대해 갖는 특정 기대 가치가 충족되면 그 앱을 사용하게 되지만, 기대 가치가 충족되지 않으면, 즉 기대 가치와 앱이 제공하는 실제 가치 간의 갭Gap이 크게 되면 앱 사용을 중단하게 된다. 따라서 앱 경험을 통해서 얻게 되는 실제 가치와 앱에 대해서 갖는 기대 가치의 갭을 어떻게 줄여 줄 것인가에 대해서 항상 생각해야 한다. 갭을 줄이는 방법에 대해서도 역시 PART 04에서 상세히 설명하도록 하겠다.

사용 편의성이 좋아야 한다

긍정적 사용 경험을 위해서는 기본적으로 사용 편의성이 좋아야 한다. 위에서 언급한 음식점 선택을 예로 들어보자. 종업원의 서비스가 불친절하고 내부 환경이 깨끗하지 못하다면, 당신은 그 음식점을 계속 이용하겠는가? 이용하지 않을 것이다. 불친절한 서비스 또는 열악한 내부 시설 및 환경으로 인해 부정적 경험이 형성된 경우 음식점을 이용하지 않는다. 앱 사용에서도 마찬가지이다. 불친절한 서비스는 앱의 불편한 사용성에 해당하고, 열악한 내부 시설 및 환경은 복잡한 UI 등에 해당한다. 앱 사용이 불편하다면 누가 사용을 하겠는가? 비슷한 종류의 앱이 많으므로 복잡한 절차를 거치고, 미로를 헤매면서까지 사용할 이유가 없다.

지금까지 긍정적 사용 경험을 제공하기 위한 3가지 방안에 관해서 이야기를 하였다. 각 방안별로 구체적 실행방법에 대해서는 PART 04에서 자세히 설명할 예정이다.

끝으로, 앱 경험을 위한 모든 활동이 앱의 지속적 사용으로 연결되어야 하며, 사용 경험이 지속적 사용으로 연결되기 위해서는 사용자에게 긍정적 사용 경험이 제공되어야 함을 잊어서는 안 된다.

체험을 통한 긍정적 사용 경험의 중요성

지속적 실행이 중요하다

어떻게 하면
앱 사용을 지속시킬까

당신은 왜 앱 마케팅을 하려고 하는가? 너무 뜬금없는 질문처럼 느껴질 것이다. 마케팅을 하지 않으면 아무도 사용하지 않는 앱이 될 수밖에 없다며, 앱 마케팅을 해야 한다고 주장해 온 저자가, 갑자기 앱 마케팅 이유에 대해 질문을 던지니 말이다. 이런 질문을 하는 이유는 잠시 후에 다시 이야기하기로 하고, 당신이 마케팅을 하고자 하는 이유에 대해서 생각해 보기 바란다.

앱 마케팅의 궁극적인 목표는 '앱 사용'에 있어야 한다. 물론, 앱 마케팅 활동 자체에 초점을 두면 앱 내려받기, 앱 설치 등이 마케팅 활동 자체의 목적이 될 수는 있다. 예를 들어 CPI와 같은 보상형 마케팅의 목적은 단기적으로는 앱 내려받기 또는 설치의 증가일 것이다. 그러나 앱 내려받기 또는 앱 설치 후 앱 사용이 지속해서 이루어지지 않는다면, 과연 제대로 된 마케팅을 했다고 말할 수 있을까? 아마 그렇지는 못할 것이다.

모든 마케팅 활동은 궁극적으로 앱 사용으로 연결되어야 한다. 이러한 활동을 Execution으로 부른다. Execution이란 사용자들로 하여금 앱을 지속적으로 사용하게 하는 모든 활동을 의미한다. 즉, 앱 사용을 계속해서 하게 만드는 이벤트나 프로모션, 홍보나 광고 등을 포함한 마케팅 활동이다. 그러면 어떻게 해야 앱을 지속적으로 사용하게 할 수 있을까? 지금부터 그 방법들에 대해 알아보도록 하자.

앱 설치 후 그 다음 달에 앱을 사용하는 비율이 얼마인지 알고 있는가? 50%가 넘을 것으로 생각하는가? 어쩌면 당신은 앱을 내려받고 일단 사용을 시작하면 앱을 지속해서 사용하는 사용자가 최소 50% 이상일 것으로 생각했을 수도 있다. 하지만 현실은 다르다. 50%를 넘지 않는다. 모바일 마케팅 업체인 Urban Airship에서 분석한 자료를 보면 신규 가입 후 다음 달 사용하는 사람의 비중은 38%이며, 가입 후 1년이 지나면 가입자의 4% 밖에 남지 않는다고 한다.

왜 이처럼 지속해서 이용하는 사용자의 비중이 줄어들까? 앱 사용자 모두 이벤트 참여를 위해 앱 내려받기 및 1회 사용만 한 걸까? 그렇지 않을 것이다. 그렇다면, 왜 사용자 스스로 앱을 내려받고 가입을 하고 나서도 지속적인 사용을 꺼리게 되는 걸까? 사용자가 지속적으로 사용할 수 있도록 하기 위해서는 앱 사용을 중단하는 이유를 알아야 한다. 앱 사용을 중단 이유를 알아야 거기에 적합한 활동을 수행할 수 있기 때문이다.

앱의 지속적 사용 비율의 중요성

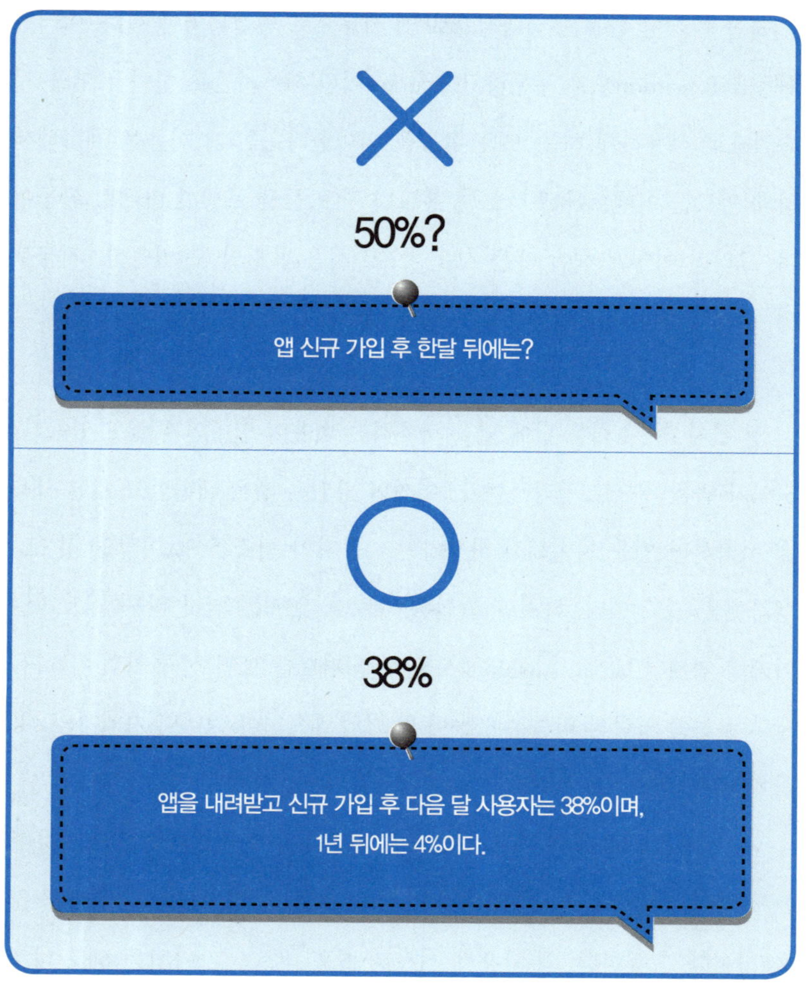

왜 앱 사용을 중단할까?

앱 사용가치를 못 느낀다

사용자들이 앱을 사용하지 않는 이유는 앱 사용의 가치^{Value}를 느끼지 못하기 때문이다. 앱 사용으로부터 얻는 가치가 앱 사용을 위해 투입하는 시간, 노력, 비용 등의 리소스보다 커야 앱 사용에 대한 필요성을 느끼게 되지만, 반대로 앱 사용을 위한 Input이 앱 사용가치보다 크면 앱 사용의 필요성을 느끼지 못하게 된다.

앱 사용 Value(가치) > 앱 사용을 위한 Input (시간, 노력, 비용 등)

따라서 지속적 사용이 이루어지도록 하기 위해서는 사용자가 앱 사용으로부터 얻는 가치, 즉 앱이 제공하는 가치가 기본적으로 사용자의 해결되지 못한 Pain-point를 해결해 주거나 니즈를 충족시켜 주어야 한다. 앱이 사용자의 니즈를 충족시켜주지 못하거나 Pain-point를 해결해 주지 못한다면, 앱 사용을 위해 많은 마케팅 비용을 투입하더라도 앱 사용이 늘어나지는 않는다. 앱 내려받기는 많은 비용을 쏟아 부으면 늘어날 수는 있겠지만, 내려받기가 사용으로 연결되지는 않는다.

앱 사용가치가 지속되지 않는다

사용자들이 앱을 지속해서 사용하지 않는 것은 앱 사용을 통해 얻게 되는 가치가 지속되지 못하기 때문이다. 어떤 종류의 앱이든 앱 출시 초기에는 앱 사용자들에게 충분한 가치를 제공하여 환영을 받고 많은 사용자를 확보한다. 하지만 시간이 조금 지나면 비슷한 종류의 앱들이 시장에 쏟아져 나오고, 경쟁 앱들이 차별화된 가치를 제공하게 되면서 사용자들이 빠져나가기 시작한다.

앱 개발자이거나 마케팅을 하는 사람들이 흔히 저지르기 쉬운 실수가 앱이 제공하는 가치는 지속할 것이라는 믿음이다. 사용자가 앱을 통해 얻는 가치에 만족하게 되면, 그 가치는 지속할 것이라는 막연한 생각을 가진다. 앱을 통해 사용자가 얻는 가치는 무한정 지속하지 않음에도 불구하고 말이다.

'한계효용 체감의 법칙'에 대해 들어 본 적이 있는가? '한계효용 체감의 법칙'이란 재화나 서비스의 소비가 늘어날수록 재화나 서비스 소비로부터 얻는 효용, 즉 가치의 체감이 줄어든다는 것이다. 아무리 좋은 것 또는 재미있는 것도 계속해서 하다 보면 물린다는 의미이다. 맛있는 사과도 처음 먹었을 때와 세 개, 네 개 먹었을 때의 맛이 다르다. 처음에는 맛있지만 세 개, 네 개를 먹을수록 맛은 적점 없어지는 것이 '한계효용 체감'이다.

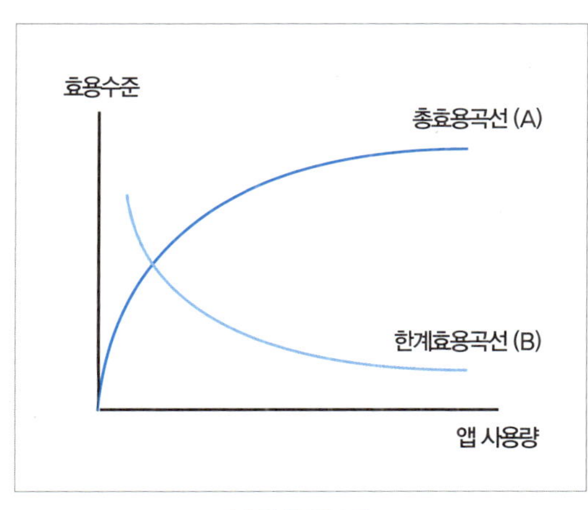

〈앱 한계효용곡선〉

'한계효용 체감의 법칙'이 앱 사용에도 적용된다. 앱 사용가치는 처음 사용했을 때와 계속해서 사용했을 때가 다르다. 앱을 계속해서 사용할수록 앱 사용가치는 점점 감소하게 된다. 앱을 사용할수록 얻게 되는 가치는 위의 A 그래프(총효용곡선)에서 보는 것처럼 처음에는 급격하게 상승하다가 어느 시점에 이르러서는 상승이 완만해지고 정체가 되는 총효용곡선과 동일한 형태의 모습을 보이게 된다. 즉, 일정 수준까지는 가치(효용)가 증가하지만, 일정 수준에 도달하면 더 이상 가치(효용)가 증가하지 않는다. 또한 앱 사용이 증가할수록 B 그래프(한계효용곡선)처럼 앱 사용을 통해 얻는 앱 사용에 따른 체감가치는 감소한다.

따라서 무한정 지속해서 앱 사용으로부터 가치를 얻기란 불가능하다. 일정 기간 앱 사용을 통해 재미, 혜택, 편의 등의 다양한 가치를 느낄 수 있지만, 일정 기간이 지난 후에는 가치를 느끼지 못하게 된다. 앱 사용을 통해 얻는 체감가치가 앱 사용을 위해 투입해야 하는 Input보다 크지 않게 되는 시점이다. 이 시점부터 앱 사용이 점점 줄어들게 된다. 이해가 되지 않는가? 다음의 앱 체감가치 그래프를 살펴보자.

아래의 앱 체감가치 그래프에서 보는 것처럼 앱 사용이 늘어날수록 사용자가 느끼는 체감가치는 감소한다. 체감가치는 A에서 B로 감소한다. 앱 사용량이 늘어나면 앱 체감가치가 앱 사용 Input보다 낮은 점 C에 도달하게 된다. 점 C를 앱 피로점으로 부르자. 앱 피로점에 도달하게 되면 사용자가 앱 사용을 통해 얻는 체감가치(실제로 사용자가 얻는 가치의 차이는 없다)가 앱 사용을 위해 투입해야 하는 Input보다 낮게 된다. 앱을 사용해야 하는 이유가 사라져 버리게 된다. 점 C에 이르는 순간부터 앱을 사용해야 하는 이유가 앱 사용 체감가치가 사용을 위한

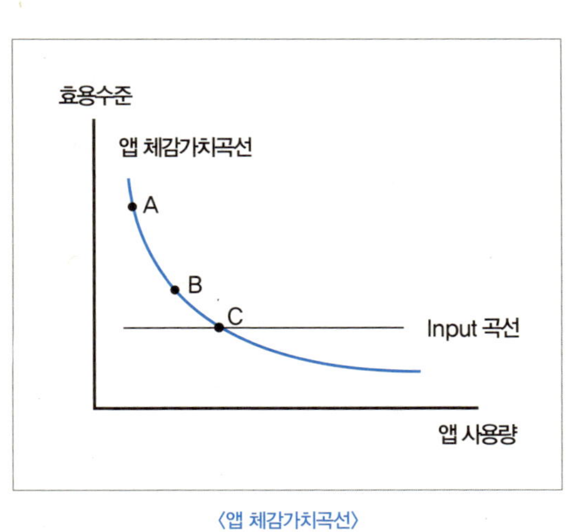

〈앱 체감가치곡선〉

Input보다 낮다고 해서 모든 사용자가 앱 사용을 중단하는 것은 아니다.

앱 자산가치가 핵심이다

SNS 서비스를 살펴보자, 일정 기간이 지난 후에 SNS 서비스로부터 얻는 체감가치 역시 감소하지만, SNS를 사용해야 할 이유가 사라지지는 않는다. 앱을 사용하면서 사용자들은 시간, 비용, 노력 등을 투입하여 사용자 리뷰, 사진, 글 등의 콘텐츠와 인적 네트워크 등을 생성한다. 사용자가 형성하는 콘텐츠, 인적 네트워크 등을 사용자의 '앱 자산'이라고 부른다. 일정 시간 경과 후에 그 가치는 감소하지만, 사용자가 앱을 사용하면서 형성하는 앱 자산은 늘어나게 된다. 사용자는 축적한 앱 자산의 가치에 따라서 앱의 지속 사용 여부를 결정한다. 앱으로부터 얻는 체감가치가 없는 상황에서도 앱 자산가치가 '0' 보다 크면 앱을 지속적으로 사용하게 되지만, 앱 자산가치가 '0' 보다 작으면 앱 사용을 중단하게 된다.

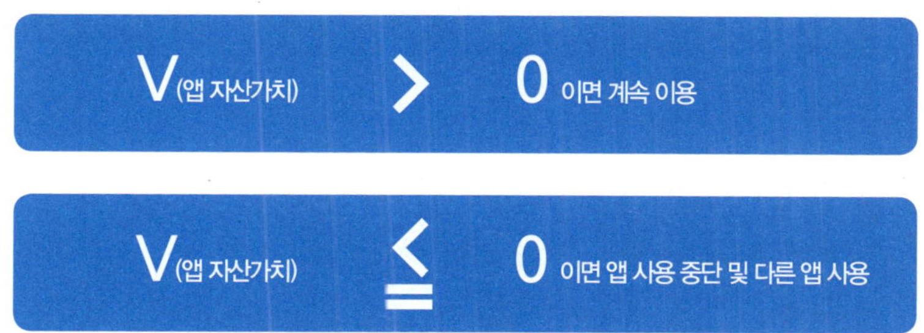

바로 이와 같은 앱 자산가치의 '(+), (-)' 여부가 앱 사용을 중단하게 되는 이유이다. 앱 자산가치가 (-)라는 의미는 앱 사용을 중단하거나 심지어 앱을 삭제해도 사용자 입장에서는 '손해 보는 것이 없다'라는 의미이다. 따라서 앱을 삭제하거나 사용을 중단하는 것이 사용자에게는 더 유리하다. 사용을 통해 가치를 얻을 수도 없고 스마트폰의 용량만 차지하고 있는 앱을 유지할 이유가 없는 것이다.

경쟁 관계를 포함하여 좀 더 살펴보도록 하자. 앱 출시 이후 일정 시간이 지나면 사용자들은 앱 사용의 이점을 점점 느끼지 못하게 되고, 경쟁 앱은 차별화된 내용으로 막강한 마케팅 활동을 시행한다. 이런 상황에서 앱 자산가치가 (-)이면, 앱 사용자들이 충성심을 보이며 앱을 지속적으로 사용할 이유가 없게 된다. 앱 자산가치가 다른 앱 전환으로부터 얻는 혜택보다 더 크지 않으면 사용자는 경쟁 앱으로 옮겨가게 된다. 반대로 앱 자산가치가 앱 전환으로부터 얻는 혜택보다 크면 앱을 지속적으로 사용하게 된다.

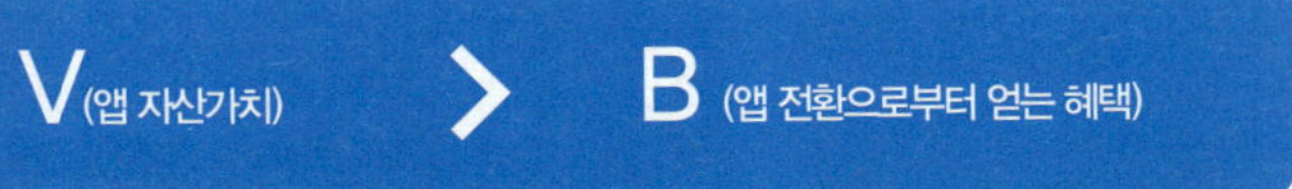

앱의 지속적 사용을 위해서는 앱 사용을 통해 얻는 앱 사용가치가 앱 사용을 위해 투입하는 Input보다 커야 한다. 그리고 앱 사용 체감가치는 앱 사용이 증가할수록 감소하기 때문에 앱 사용 체감가치가 앱 사용을 위해 투입하는 Input보다 항상 높게 유지될 수 있도록 해 주어야 하며, 앱 자산가치가 '0' 보다 클 수 있도록 해 주어야 한다.

지금까지 설명한 앱 사용을 중단하는 이유를 간략하게 정리해 보면 다음과 같다.

앱 사용 중단 이유

- 앱 사용으로부터 얻게 되는 가치 Value 〈 Input(시간, 비용, 노력 등)

- 앱 사용으로부터 얻는 한계 체감(가치)의 점진적 감소

- V(앱 자산가치) 〈 0일 경우 또는 V(앱 자산가치) 〈 B(앱 전환으로부터 얻는 혜택)

어디까지 마케팅의 역할인가?

앱 사용 중단 이유에 대해서 마케터들에게 이야기를 하면 앱 지속 사용과 관련된 활동은 마케터의 역할이 아니라는 반응이 대부분이다. 앱의 사용가치를 높이는 활동이나 앱 자산 가치를 높이는 활동들은 모두 앱 기획자의 역할이라고 생각을한다. 과연 그럴까? 당신의 생각은 어떤가? 앱 지속 사용을 위한 활동이 마케터의 역할이 아니라고 생각하는가?

앱의 지속 사용을 유도하는 활동을 기획의 영역으로 보는 마케터들의 견해는 product(앱)만 좋으면 마케팅 활동 없이도 사용자가 확대될 것이라는 생각으로부터 출발하고 있다. 이들이 예로 많이 드는 앱들이 바로 SNS 앱이다. 페이스북, 카카오톡 같은 SNS 앱들은 앱 자체로서 사용자에게 충분한 Value를 주고 있기 때문에 사용자들이 지속적으로 사용하고 있다고 이야기한다. 틀린 이야기는 아니다. 앱 초창기에 마케팅 활동을 통해 사용자가 확보되고, 확보된 사용자를 통해 Peer Pressure가 형성되어 자발적으로 가입되는 구조가 형성되었기 때문에, 일정 수준의 가입자가 확보된 후에는 별다른 마케팅 활동 없이도 가입자가 증가하고 있다. 또한, SNS류의 앱이 가지는 특징으로 사용자의 Input이 많이 들어가게 되어 앱 자산 가치가 높게 형성이 되고 주변 동료, 지인들이 모두 사용하는 Peer Pressure가 나타나 쉽게 앱 사용을 중단할 수가 없게 된다.

별다른 마케팅 활동 없이 가입자가 증가하거나 지속적인 사용이 이루어지는 이런 모습은 가장 이상적인 모습이지만, 모든 앱이 페이스북이나 카카오톡과 같은 앱이 될 수는 없다. 대부분 앱 가입 1개월 후 사용비율은 38%를 넘지 않는다. 마케팅 활동은 이상을 추구하는 활동이 아니다. 현실에 발을 붙이고 하는 활동이다. 세상에는 비슷비슷한 앱들이 넘쳐난다. 사용자들이 언제든지 사용하는 앱을 바꾸어도 하나도 이상하지 않은 세상이다. 더욱이 앱 사용 가치는 앱 사용이 증가할수록 감소하며, 앱 사용 가치는 Emotional한 요소에 의해 형성될 때도 많다. 또한, 모든 앱이 차별화된 가치를 제공한다고 이야기하지만, 사용자 입장에서는 차이가 나지 않는 경우가 많다. 따라서 기획, 마케팅 영역의 구분 없이 지속적으로 사용을 유도하는 다양한 활동이 필요해진다. 지속 사용을 위한 활동이 없으면 아무 때나 쉽게 다른 앱으로 갈아탈 수가 있다.

지속 사용을 위한 마케팅은 필수이다

당신의 앱은 결코 페이스북 또는 카카오톡이 아니다. 착각하지 마라! 당신의 앱이 페이스북이나 카카오톡을 능가하는 앱이 될 것이라는 생각을 해서도 안 된다. 지속적인 사용을 유도하는 활동을 하지 않는다면 사용자는 당연히 줄어들게 된다. 앱 분석 업체인 'Localytics'의 자료(2013년)에 따르면 앱을 내려받은 후 1번만 사용하는 앱이 20%이며, 1년간 10번도 사용되지 않는 앱이 전체 앱 중 60%를 넘는다고 한다. 지금은 어떨까? 분석 당시 대비 더 많은 앱이 출시되었고, 경쟁이 격화되어 앱 사용비율이 더 떨어졌을 것이다.

지금 스마트폰을 열어보고 앱을 들여다보아라. 스마트폰에 설치된 앱 중 한 달에 1번도 사용되지 않는 앱이 몇 개나 되는지 말이다. 필자의 경우 설치된 104개의 앱 중 한 달에 한 번도 사용되지 않는 앱이 22개(21%)이다. 연간 11회 이상 사용되는 앱은 전체 앱의 40% 정도이다. 당신의 앱이 한 달에 한 번도 사용되지 않는 앱 종류에 속하길 바라는가? 아니면 연간 11회 이상 사용되는 앱 종류에 속하길 바라는가?

앱 사용가치를 증가하라

연간 11회 이상 지속적으로 사용하는 앱이 되도록 하기 위해서는 첫째, 앱 사용으로 얻는 가치Value가 앱 사용을 위해 들이는 시간, 비용, 노력 등의 Input 대비 높게 유지시켜 주어야 한다. 즉, 앱 사용으로부터 얻는 가치를 높이거나, 앱 사용을 위해 투입하는 Input을 줄여주면 된다. 앱 사용으로부터 얻는 가치를 높이는 방법은 앱이 제공하는 기존의 가치 외에 앱 사용에 따른 추가적인 가치를 제공하여 앱 사용으로부터 얻을 수 있는 가치의 총합을 증가시켜주면 된다.

가치의 총합을 증가시키는 방법으로는 앱 사용에 따른 보상Reward을 제공하는 방법이 있다. 사용횟수에 따른 포인트 등 경제적 보상을 제공하거나 사용횟수에 따른 등급 부여 등 Emotional Reward를 제공해주면 된다. 가치의 총합을 증가시켜주는 다른 방법으로는 앱에 새로운 기능 등의 추가를 통해 가치를 확장하는 방법이 있다. 기존의 가치 외에도 사용자들에게 어필할 수 있는 새로운 기능을 추가하거나 다른 앱, 서비스와의 Co-Marketing을 통한 새로운 가치 제공으로 가치를 강화하는 방법이다.

앱 사용을 Remind하라

앱의 지속적 사용을 유도하는 두 번째로 방법으로는 앱 사용자에게 사용에 대한 Remind를 시켜주는 방법이 있다. 앱 사용자란 현재 앱을 사용하고 있는 사용자뿐만 아니라 과거에 앱을 사용했던 경험이 있는 사람까지를 포함한다. 앱 사용이 익숙하지 않은 신규 사용자의 경우 어떤 Context에서 앱을 사용하는 것이 효율적인지 모르는 경우가 많다. 앱 사용에 대한 습관이 형성되어 있지 않기 때문에 앱 사용이 어색하고 서투를 수 있으며, 앱 없이 사용하던 기존의 행동에 익숙해져 있으므로 앱 사용이 오히려 익숙하지 않을 수 있다. 때문에 앱 사용에 대한 Remind가 이루어지지 않으면 기존의 행동습관처럼 앱을 사용하지 않는 경우가 발생하기도 한다. 또한, 사용할 수 있는 앱이 많이 있으므로 앱 사용에 대한 Remind를 해 주지 않으면 경쟁 관계에 있는 앱을 사용할 수도 있다.

앱 사용에 대해 Remind를 할 수 있는 가장 쉬운 방법은 Push Notification이다. Push를 통해 앱 사용자에게 이벤트 등 앱 사용과 관련한 정보를 제공함으로써 사용을 유도할 수 있다. 모바일 분석업체인 'Appboy'에 따르면 Push 메시지를 수신하는 사용자의 Retention 비율이 미수신 사용자 대비 2배 정도 높다고 한다.

다른 방법으로는 정기적인 앱 업데이트^{Update}를 통해 사용에 대한 Remind를 할 수 있다. 이제 막 출시된 앱에게는 업데이트는 필수다. 업데이트를 통해 사용자가 불만족한 부분을 개선할 수 있고, 이를 통해 사용자의 이탈을 막고 지속 사용을 유도할 수 있다. 핀터레스트^{Pinterest}의 경우도 보통 한 달 안에 2~3번의 업데이트를 한다. 업데이트를 통해 사용자의 사용에 대한 피드백과 그들의 니즈^{Needs}를 반영한다.

사용자의 Context와 연계한 마케팅 활동을 통해 앱 사용에 대한 Remind가 가능하다. 앞서 언급한 것처럼 앱 사용이 익숙해지는 시점까지는 소비자의 Context와 앱 사용을 연계하여 앱 사용 Remind를 해 줄 필요가 있다. 사용자의 Context와 연계한 마케팅을 통해 앱 사용자에게 앱을 사용하면 편리하다는 것을 자각하도록 하고, 이를 통해 앱 사용을 습관화시킬 수 있다.

앱 자산가치를 형성하라

앱의 지속적 사용을 유도하는 세 번째 방법으로는 앱 사용에 투입되는 사용자의 Input을 강화해서 사용자의 앱 자산가치가 형성되도록 해주는 방법이다. 앞서 말한 것처럼 사용자의 앱 자산가치가 형성되면 앱 사용으로부터 얻게 되는 가치가 감소하더라도, 앱을 지속 사용하게 된다. 앱 자산이란 사용자가 작성한 리뷰나 글, 사용자가 올린 사진 등 사용자가 시간, 비용, 노력 등 리소스를 투입해서 형성 및 축적한 콘텐츠 등을 의미한다. 앱 자산이 형성되고 이에 대한 가치가 올라갈수록 앱에 대한 충성도가 커지고, 비슷한 종류의 앱이 츨시되더라도 경쟁 앱으로 이동할 생각을 하지 못하게 된다. 당신은 지금 사용하고 있는 페이스북, 핀터레스트와 같은 SNS를 다른 서비스로 쉽게 바꿀 수 있는가? 그렇지 못할 것이다. 당신이 지금까지 페이스북이나 핀터레스트에 들여놓은 시간과 많은 콘텐츠 등을 버리고 다른 서비스로 옮겨가지 못할 것이기 때문이다.

지금까지 앱의 지속 사용을 유도할 수 있는 방법들에 대해서 이야기하였다.

위에서 언급한 방법들을 적절히 활용한다면 연간 11회 이상 사용되는 앱을 만들 수 있을 것이다. 각 방안의 구체적인 실행방법에 대해서는 PART 04에서 상세히 설명하도록 하겠다.

지속적으로 사용하는 앱이 되는 방안

- 앱 사용으로 얻는 Value(가치)를 앱 사용을 위해 들이는 시간, 비용, 노력 등의 Input 대비 높게 유지시켜 주어야 한다.
- 지속적으로 사용에 대한 Remind를 해 주어야 한다.
- 앱 사용에 투입되는 사용자의 Input을 강화하여 앱 자산가치를 높인다.

유효한 마케팅이
필요하다

지금은 TV 3.0 시대

　우리가 사는 현재를 TV 3.0 시대라고 부른다. TV를 중심으로 온 가족이 모여 앉아 드라마, 영화, 뉴스를 보던 시대를 TV 1.0 시대, 인터넷으로 연결되어 내가 원하는 드라마, 뉴스 등을 골라서 볼 수 있는 시대를 TV 2.0 시대라고 한다. TV 3.0은 TV와 모바일이 결합하여 TV가 제공하던 콘텐츠를 모바일을 통해서도 제공받고, 소비자들은 TV보다는 모바일 통해 콘텐츠를 소비하는 시대를 의미한다.

　TV 3.0 시대가 되면서 드라마, 영화 등의 콘텐츠를 소비하던 모습이 완전히 달라졌다. 과거 TV 1.0, TV 2.0 시대에 가족 여가 활동의 중심이 되었던 TV가 그 역할을 잃게 된 것이다. 과거처럼 TV 앞에 온 가족이 모여서 함께 TV를 보던 모습은 사라지고, 가족 구성원 각자가 원하는 콘텐츠를 원하는 시간에 원하는 방식으로, 즉 TV 앞에 모이지 않고 언제라도 필요할 때 영화, 드라마, 뉴스 등의 콘텐츠를 모바일을 통해 소비하는 시대가 된 것이다.

주말에 당신의 가족들이 콘텐츠를 소비하는 모습을 생각해 보아라! 필자의 경우를 보면 주말에 아내와 함께 TV를 보고 있고, 아이들은 각자의 스마트폰을 가지고 방에서 유튜브, 영화, 만화 등을 보곤 한다. 밥 먹을 때만 같이 있고 다른 시간에는 각각의 디바이스를 가지고 각자 원하는 콘텐츠를 소비하는 것이다.

이러한 시대에 모든 소비자를 대상으로 한 매스 미디어^{Mass Media} 마케팅 활동으로는 당신이 원하는 단큼의 마케팅 효과를 얻기 어렵다. TV 1.0 또는 TV 2.0 시대에는 TV, 신문 등 매스 미디어를 중심으로 소비자들이 도였기 때문에 매스 미디어 중심의 마케팅 활동을 하는 것이 가장 효과적이었다. 의도하든 의도하지 않든 간에 TV, 신문 등을 통해 소비자들은 마케터가 전달하는 콘텐츠에 노출되기 때문에 TV, 신문, 잡지 등 매스 미디어를 중심으로 마케팅 활동을 하는 것이 소비자들에게 마케팅 메시지를 전달하는 효과적인 방법이었다. 하지만 TV 3.0 시대에는 매스 미디어를 중심으로 소비자들이 모이지 않기 때문에 이런 방법으로는 더 이상 마케팅 효과를 보기 어렵게 되었다. 특히, 앱 내려받기 및 사용을 유도하는 앱 마케팅 방법으로는 더 이상 효과적이지 않다.

그럼 TV 3.0시대에는 어떤 마케팅을 해야 할까? 당신은 앱 선택, 내려받기, 사용을 결정할 때 무엇을 보고 결정하는가? 브랜드를 보고 앱 내려받기 및 사용을 결정하는가? 전혀 그렇지 않을 것이다. 앱을 선택할 때 브랜드를 보고 선택하는 것이 아니라 앱의 사용가치 등 앱에 대한 판단을 하고 선택할 것이다. 누가 만들었느냐가 중요한 것이 아니라 앱이 자신에게 무엇을 제공해 줄 것이냐가 선택의 판단 기준이 된다. 따라서 앱 마케팅에서는 브랜드 인지를 높이는 것보다 앱이 어떤 가치를 제공해 줄 수 있는 것인지를 알게 해 주는 것이 더 중요하다. 그래서 사용자에게 앱이 제공하는 가치를 명확히 전달할 수 있는 마케팅 활동, 즉 타겟^{Target}을 대상으로 그 타겟에 적합한 마케팅 메시지를 전달하는 활동이 앱 마케팅에서는 필요해진다.

이처럼 타겟과 목적에 맞게 마케팅 활동이 설계되고 진행되는 것을 유효한 마케팅 활동 또는 유효 마케팅(Effective Marketing)이라 한다. 유효 마케팅이란 타겟을 대상으로 명확한 마케팅 메시지를 전달하고 타겟으로 하여금 원하는 행동(앱 내려받기 또는 사용)을 하도록 유도하는 모든 마케팅 활동을 의미한다.

소비자의 입장에서 보면 비슷한 종류의 앱이 많다. 앱 사용을 통해 제공되는 Value(효용)가 거의 동일한 앱이 많다 보니 어떤 앱을 사용해도 그만이다. 앱 사용을 통해 얻을 수 있는 Value가 명확하지 않거나 앱 사용을 통해 얻을 수 있는 Value가 도움될 것이라는 판단이 서지 않으면 소비자들은 앱 내려받기 및 사용을 하지 않는다. 따라서 모든 앱 마케팅 활동은 전달하고자 하는 Content 및 메시지가 타겟 고객에게 정확히 전달될 수 있도록 해야 한다.

TV 3.0 시대에서는 TV와 같은 매스 미디어를 중심으로 더 이상 소비자들이 모이지 않기 때문에 TV, 신문 등 매스 미디어를 활용한 마케팅 활동으로는 원하는 타겟에게 마케팅 Content(메시지)를 정확히 전달하기가 어렵다. 뿐만 아니라, Content(메시지)가 타겟에게 정확히 전달되었는지 파악하기도 어렵다. 따라서 앱 마케팅은 매스 미디어를 중심으로 한 마케팅 활동에서 벗어나 타겟별로 타겟에 맞는 마케팅 채널을 활용, 타겟에 맞는 Content(메시지) 제공을 통해 앱 사용을 유도하는 유효한 마케팅을 추진해야 한다.

유효한 앱 마케팅 전략

당신의 마케팅은 유효한가?

마케팅 캠페인 시행 후 그 결과를 놓고 마케팅 활동은 성공적이었지만, 가입자가 늘지 않는 것에 대해 고민을 하는 마케터들이 의외로 많다.

"캠페인 참여자는 10만 명이 넘었어. 대단히 성공적인 마케팅이야! 그런데 왜 가입자는 늘지 않지?"

"SNS를 통한 마케팅 캠페인에 참여한 사람이 10만 명이 넘었어. 바이럴Viral이 굉장히 잘된 것 같아. 그런데 왜 가입자는 늘지 않았지?"

마케팅 캠페인, 사용자는 증가하였는가?

마케팅 캠페인 참여자가 10만 명이면 성공적인 마케팅이라고 할 수 있다. 그런데 가입자는 늘지 않았다고 한다면 무엇이 잘못된 것일까? 다음의 두 가지 마케팅 활동에 대해서 평가를 해 보자. 어떤 마케팅 활동에 더 좋은 점수를 주겠는가?

A 마케팅 vs B 마케팅

구 분	A 마케팅 활동	B 마케팅 활동
마케팅 활동 결과	• 마케팅 비용 1억 원 사용 • 10만 내려받기 • 사용률 20%	• 마케팅 비용 1억 원 사용 • 7만 내려받기 • 사용률 40%

대다수는 A 마케팅 활동을 더 좋게 평가할 것이다. A 활동은 마케팅 비용 1억 원을 사용해서 10만 내려받기, 즉 1인당 1천 원을 사용하여 10만 내려받기를 유도하였지만, B 활동은 1억 원을 사용하여 7만 내려받기, 즉 1인당 1.4천 원을 사용한 마케팅 활동이다. 누가 보더라도 A 활동을 더 효율적으로 진행한 마케팅으로 평가할 것이다.

그런데 진짜로 A 마케팅이 더 성공적이었을까? 그렇지 않다. 각 활동의 결과로 나온 사용률을 반영하여 평가하여야 한다. 사용률을 반영하여 평가해 보면 결과가 달라질 수도 있다. A 활동은 1억 원이라는 비용을 사용하여 2만 명의 앱 사용자를 확보하였지만, B 활동은 동일 비용으로 2.8만 명의 사용자를 확보하였다. 어느 것이 더 성공한 마케팅이라 할 수 있겠는가?

> • **A 마케팅 활동** : 1억 원을 사용하여 10만 내려받기 × 20% 사용률, 즉 2만 명의
>
> 앱 사용자
>
> • **B 마케팅 활동** : 1억 원을 사용하여 7만 내려받기 × 40% 사용률, 즉 2.8만 명의
>
> 앱 사용자

여기에 앱 사용의 지속성 여부인 Retention율을 고려한다면 마케팅 활동에 대한 평가 역시 또 달라질 것이다. 당신은 수행한 마케팅 활동에 대해 어떤 기준으로 평가하고 있는가?

타겟 고객의 브랜드 인지도가 향상되었는가?

브랜드 인지도 제고를 위한 마케팅 활동에 대한 평가 역시 마찬가지이다. 마케팅을 하는 이유가 브랜드를 알리는 것이기 때문에 타겟 고객이 아니어도 누구에게나 메시지만 전달하면 된다고 생각해서는 안 된다. 또한 브랜드 인지도 제고를 위한 마케팅 활동을 모든 사람에게 인지도를 높이고자 하는 활동으로 오해하면 안 된다. 브랜드 인지도를 높이는 활동은 타겟 고객을 대상으로 하는 마케팅 활동이다. 10~20대 여성을 타겟으로 한 A 상품이 있다고 가정해 보자. 그런데 A 상품의 브랜드 인지도가 30대 남성에게 높다고 한다면, 높은 브랜드 인지도가 A 상품의 구매나 사용에 영향을 줄 수 있을까? 전혀 그렇지 않을 것이다.

또한 브랜드 인지도 제고를 위한 마케팅 활동 후 대부분의 마케터들이

브랜드 인지도 조사를 한다. 대부분의 브랜드 인지도 조사 결과를 보면 마케팅 활동 전보다 더 좋아졌다는 결과를 보여준다. 과연 실제로 브랜드 인지도가 좋아졌을까? 브랜드 인지도 조사 결과가 좋다고 해서 실제로 브랜드 인지도가 높아졌다고는 장담할 수 없다. 브랜드 인지도 조사 결과 타겟 고객과 비 타겟 고객을 구분해서 브랜드 인지도 변화 여부를 확인해 봐야 한다. 비 타겟 고객에게서는 브랜드 인지도가 좋아졌지만, 타겟 고객의 브랜드 인지도는 낮아지거나 변함이 없을 수 있기 때문이다.

타겟 고객의 검색 및 클릭 건수가 증가하였는가?

검색 사이트에서 검색이 많이 되었다고, 또 페이스북과 같은 곳에서 '좋아요' 수가 많다고 해서 마케팅 활동이 성공적이었다고 평가해서는 안 된다. 검색 광고 및 SNS를 운영하는 목적이 앱에 대해 알리고 앱 사용을 유도하기 위함에도 불구하고, 많은 마케터가 단순히 '검색 횟수' 및 '좋아요' 클릭 건수만으로 마케팅 활동에 대해 평가를 하는 오류를 범하기도 한다. '검색 횟수'가 많고, '좋아요.' 횟수가 많더라도 이 모든 것이 앱의 내려받기나 사용으로 연결되지 않는다는 사실을 잊어서는 안 된다. 마케팅 활동의 유효성 여부를 확인하기 위해서는 검색을 하는 소비자가 타겟 고객과 일치하는지, '좋아요'를 클릭한 고객이 타겟 고객과 일치하는지 등 타겟 고객과 마케팅 메시지를 전달받은 고객의 일치성에 대한 확인이 필요하다.

위에서 언급한 것처럼 마케팅 활동에 참여자가 많다고 해서, 검색 횟수가 높다고 해서 마케팅 활동을 통해 앱 내려받기 및 사용자가 증가하지는 않는다. 마케팅 활동 참여자는 많지만, 참여 자체가 앱 내려받기 및 사용으로 이어지는 것은 아니다. 마케팅 활동의 참여가 앱 내려받기 및 사용으로 이어지기 위해서는 타겟 사용자에게 명확한 메시지가 전달되고, 타겟 고객에게 앱 사용가치를 명확히 인지시켜야 한다.

특히, 앱 마케팅은 타겟 고객에게 명확한 마케팅 메시지가 전달되어야 한다. 비슷한 종류의 앱이 많을 뿐만 아니라, 앱 사용 전환에 따른 비용이 발생하지 않기 때문에 쉽게 사용 중인 앱을 변경할 수 있다. 따라서 마케팅 메시지가 타겟 사용자에게 명확히 전달되고, 메시지를 정확히 이해할 수 있도록 해야 앱 사용자를 확보할 수 있다.

유효 마케팅은
어떻게 해야 하는가?

유효 마케팅(Effective Marketing)이 이루어졌다는 의미는 마케팅 메시지 등 콘텐츠가 원하는 고객(타겟 고객)에게 정확히 전달되었고, 타겟 고객은 메시지를 정확히 이해했으며, 그 결과 앱 내려받기 및 사용이 증가했다는 의미이다. 앱 내려받기를 유도하는 마케팅 활동의 결과로 앱 내려받기가 증가하였거나 브랜드 인지도 향상을 위한 마케팅 활동의 결과, 브랜드 인지도가 향상되었다면 유효한 마케팅 활동이 이루어졌다고 말할 수 있다. 반대로 앱 사용 증가를 위한 마케팅 활동 후 앱 내려받기는 증가하였으나 앱 사용 증가가 미미하였다면 이를 유효한 마케팅이라고 말할 수는 없다.

그러면 유효 마케팅은 어떻게 해야 하는가? 유효 마케팅을 하기 위해서는 지금까지 해 왔던 마케팅 방법과 다른 새로운 마케팅을 해야 하는

가? 그렇지는 않다. 당신이 기존에 진행했던 마케팅 활동과 크게 차이는 없다. 다만, 당신이 놓치고 있던 한두 가지의 사항만 점검하면 된다.

지금부터 유효한 마케팅을 하기 위해서 놓치지 말아야 할 사항에 대해 알아보도록 하자.

적합한 마케팅 활동을 설계하라

유효한 마케팅을 하기 위해서는 마케팅 활동의 목적(지향점), 타겟, 기대효과 등에 적합한 마케팅 활동을 설계해야 한다. 마케팅 활동의 목표 또는 방향성은 무엇이고 마케팅 활동을 통해 얻고자 하는 기대효과 또는 목표가 무엇인지를 알아야 한다. 또한 마케팅 타겟이 누구인지 명확히 하여야 하고, 모든 활동이 목적 및 타겟에 맞게 설계되도록 해야 한다. 마케팅 목표가 명확하지 않으면 추진해야 할 마케팅 활동의 내용도 구체적이지 못하고 두루뭉술해질 수밖에 없다.

한 가지 목적만 정하라

마케팅 목적을 정할 때는 반드시 한 가지만 정하는 것이 좋다. 마케팅 목적이 브랜드 인지도 제고와 앱 내려받기 유도, 두 가지가 될 수는 없다. 마케팅 활동 후 결과적으로 두 가지에서 다 좋은 결과를 얻을 수는 있지만, 목적은 한 가지로만 정하는 것이 좋다. 목적이 명확해야 어떤 마케팅 방법을 선택해서 진행할 것인가도 명확해진다. 앱 내려받기를 유도하는 마케팅을 하면서 동시에 앱 사용률을 높이는 마케팅을 진행할 수는 없다. 앱 내려받기 증대를 목표로 하든 아니면 앱 사용률 증대를 목표로 하여 마케팅 활동 계획을 수립하는 것이 좋다.

앱 특성에 맞게 방향성을 정하라

마케팅 활동의 방향성을 결정할 때는 앱의 성격을 고려하여 결정하여야 한다. 소비자(앱 사용자)들이 앱을 사용하는 기간이 짧기 때문에 앱의 성격에 따라 마케팅 접근 방법을 다르게 하는 것이 효율적이다. 유료 앱의 경우에는 출시 초반에 노출을 확대하고, 앱 스토어 상위에 랭크시키는 방법을 활용하여 내려받기를 많이 시키는 것이 효율적이다. 유료 앱의 경우 출시 초반에 노출 확대를 통해 내려받기가 많아질수록 매출이 발생하기 때문에, 출시 초기에 노출 확대 및 앱 스토어 상위 랭킹 등의 다양한 방법을 활용해서 내려받기를 많이 유도하는 것이 좋은 방법이다.

반면에, 무료 앱의 경우는 출시 초반의 노출 확대 및 앱 스토어 상위 랭킹 등의 활동을 통한 내려받기가 사용률로 이어지지 못하면, 매출이 발생하지 않기 때문에, 초반의 인지도 확대나 내려받기 못지않게 사용률 유지가 중요하다는 사실을 기억해야 한다.

계수화하라

마케팅 목적과 방향성이 결정되었으면, 다음으로 마케팅 활동을 통해 얻고자 하는 것이 무엇인지를 명확히 해야 한다. 마케팅 활동을 통해 얻고자 하는 것은 마케팅의 목표가 될 수도 있고 기대효과도 될 수가 있다. 기대효과는 가능하면 숫자로 표현하는 것이 좋다. 숫자로 표현되면 마케팅 활동을 통해 얻고자 하는 것이 명확히 보이기 때문이다.

마케팅 탬플릿을 작성하라

마케팅 탬플릿Marketing Template을 작성해서 마케팅 활동 중간중간에 마케팅 활동이 목적이나 추진 방향 및 타겟에 맞게 진행되고 있는지를 수시로 확인, 점검하고 수정해야 한다. 마케팅 탬플릿이란 마케팅 활동 계획을 한눈에 볼 수 있게 정리한 것이다. 이 탬플릿의 구성요소에는 마케팅의 목적, 추진 방향, 타겟 고객, 기대 효과, 마케팅 활동 내용, 효과 측정 방법 등이 있다.

마케팅 활동이 탬플릿으로 정리되면 마케팅 목적부터 마케팅 활동 내용, 기간까지 일목요연하게 한눈에 볼 수 있다. 따라서 추진 중인 마케팅 활동이 어떤 목적으로 무엇을 얻고자 진행하고 있는 것인지 명확히 알 수 있으며, 마케팅 활동 중간중간에 마케팅 활동의 유효성을 파악하기에도 용이하다. 마케팅의 목적이나 기대효과, 타겟 고객 등을 다음과 같은 탬플릿 형태로 정리해 보기를 권한다. 그러면 한눈에 당신이 하고자 하는 마케팅 활동을 알 수 있을 것이다.

<h2 align="center">마케팅 탬플릿</h2>

구분	주요 내용
목적	앱 사용률 증대
추진 방향	• 앱 사용을 중단한 고객들을 Wake-up 시켜 재사용을 유도 • 기존 사용 고객 중 Light User들의 사용횟수를 증가시키는 활동을 추진
타겟 고객	• 1차 타겟 : 20~30대 초반 여성 • 2차 타겟 : 30대 중반 여성
기대 효과	• 마케팅 활동 참여 고객의 앱 사용률 3% 증대 • 마케팅 활동 참여 고객의 앱 사용횟수 1회 증대
마케팅 활동	• 주요 활동 : • 주요 내용 : • 마케팅 채널 : • 기　　간 : • 소요 예산 :
효과 측정 방법	• 마케팅 캠페인 참여 사용자들의 참여 익월 사용횟수 측정 • Wake-up된 사용자 비율 비교(이벤트 시행 전월 vs 이벤트 시행 월)

위와 같은 마케팅 탬플릿을 항상 곁에 두고 모든 마케팅 활동이 계획된 방향으로 가고 있는지 확인해 보고 마케팅 활동을 조금씩 수정해 나가야 한다. 마케팅 캠페인 또는 프로모션을 한 번 정하면 끝날 때까지 계속해서 유지하는 것보다는 마케팅 목적 및 방향에 맞게 튜닝^{Tunning}을 할 필요가

있다. 마케팅 캠페인 참여자가 캠페인 초기에는 타겟층인 20~30대가 많았지만, 캠페인이 진행되는 동안 10대 여성이 증가한다면 마케팅 채널(장소 등 마케팅 활동이 이루어지는 곳)을 바꾸어 주어야 한다. 마케팅 활동이 이루어진 마케팅 채널에서 캠페인 참여가 가능한 타겟층은 이미 참여를 했고, 비 타겟층이 참여할 가능성이 증가하기 때문에, 새로운 채널을 찾는 것이 필요하다. 유효한 마케팅 활동이 되기 위해서는 마케팅 활동이 한 자리에 머물러서는 안 된다. 끊임없이 변화하면서 최적의 활동을 펼칠 수 있는 곳으로 움직여야 한다.

콘텐츠를 타겟에 정확히 전달하라

마케팅 메시지 등 마케팅 콘텐츠가 원하는 타겟에게 정확히 전달되도록 해야 한다. 마케팅 채널을 선택해서 마케팅 활동을 한다고 해서 자동으로 마케팅 메시지가 타겟 고객에게 전달되지는 않는다. 마케팅 메시지를 타겟 고객에게 정확히 전달하기 위해서는 철저한 설계가 필요하다.

앞서 이야기했던 것처럼 TV 광고를 하는 데 있어서도 광고 시간대를 잘 선택해야 한다. 배달류 앱 TV 광고를 보면 대부분 밤 시간에 진행이 된다. 그 이유는 배달류 앱이 전달하고자 하는 메시지가 가장 소구하기 좋은 시간이기 때문이다. 저녁을 먹고 나서 일정 시간이 지나 야식이 생각나는 시간대가 '음식 배달'이라는 마케팅 메시지가 가장 잘 소구될 수 있는 시간대이다. 이와 같이 타겟 고객에게 마케팅 메시지를 정확히 전달하기 위해서는 적절한 마케팅 채널 선택뿐만 아니라, 마케팅 콘텐츠 전달 시간도 고려하여 마케팅 활동이 설계 및 진행되어야 한다.

앱 마케팅의 경우 대부분은 TV, 신문과 같은 매스 미디어보다는 포털 사이트의 배너 광고, 페이스북, 블로그, 카페 등 소셜 미디어^{Social Media}를 통해 마케팅 메시지 등 마케팅 콘텐츠를 사용자에게 전달하고 있다. 소셜 미디어를 통한 마케팅의 경우 마케팅 콘텐츠의 정확한 전달 여부에 대한 상시적인 확인 및 점검이 필요하다.

운영 대행사로부터 블로그 15회 노출, 검색어 2,000회 노출 등의 숫자만 받아보고 소셜 미디어를 통한 마케팅의 효과를 판단하고 있지는 않은가? 블로그 15회 노출이라고 할지라도 타겟 고객에게 노출되는 횟수가 1회일 수도 있으며, 검색 건수가 2,000건이라고 하더라도 타겟 고객이 검색하는 횟수는 10%인 200회밖에 안될 수도 있다. 따라서 타겟 고객에게 노출되는 횟수가 몇 번인지, 타겟 고객이 검색하는 횟수가 몇 회인지 확인해 봐야 한다.

또한, 소셜 미디어를 통한 마케팅 활동의 경우에는 타겟 고객이 마케팅 콘텐츠를 볼 수 있도록 콘텐츠의 노출도를 높여주는 것이 필요하다. 노출도를 높여주기 위해서는 타겟 고객이 언제 가장 많이 소셜 미디어를 활용하는지 먼저 파악하는 것이 필요하다. 직장인을 타겟으로 한다면 출·퇴근 시간이 소셜 미디어를 가장 많이 활용하는 시간대일 것이다. 따라서 이 시간대에 소셜 미디어에 마케팅 콘텐츠가 가장 많이 노출되도록 해 주는 것이 좋다. 블로그, 페이스북 상관없이 출·퇴근 시간에 집중해서 마케팅 콘텐츠를 노출해야 한다. 특히, 페이스북과 같은 소셜 미디어를 운영한다면 출·퇴근 시간에 가장 핫^{Hot}한 소식을 업로드^{Upload}하는 것이 필요하다. 가

무 때나 필요할 때에 콘텐츠를 게시하고, 방문자가 몇 명 늘었는지를 확인하는 것이 소셜 미디어를 운영하는 것은 아니다. 타겟 고객을 대상으로 전달하고자 하는 메시지를 정확히 전달하고, 메시지가 많은 사람에게 전달되도록 하고, 고객이 전하는 이야기를 잘 듣는 것이 소셜 미디어를 운영하는 목적일 것이다. 메시지를 잘 전달하기 위해서는 콘텐츠 소비가 가장 많이 일어나는 시간대에 메시지를 전달하는 것이 필요하다. 일반적으로 대부분의 사람이 밤새 올라온 게시물에 대해 출·퇴근 시간에 집중적으로 확인해 본다. 따라서 출·퇴근 시간대에 맞추어 메시지를 전달하는 것이 가장 효과적인 전달방법이다.

효과성 분석을 반드시 하라

끝으로, 유의미한 마케팅 활동을 위해서는 마케팅 활동을 전후로 반드시 마케팅 활동의 효과성 분석을 해보는 것이 필요하다. 효과성 분석을 통해 마케팅 활동의 지속 여부, 변경 여부 등을 결정해야 한다. 이를 위해서는 마케팅 활동을 통해 앱을 내려받았거나 회원 가입을 했던 앱 사용자들의 지속 사용 여부에 관해 확인을 해 보는 것이 좋다. 물론, 마케팅 활동의 목적이 앱 내려받기 및 사용 유도에 있지 않다면 굳이 앱의 지속적 사용 여부에 관해 확인을 할 필요는 없을 수 있다.

그러나 앱 마케팅의 목적은 제품이나 서비스의 마케팅 목적과는 달리 대부분 앱 내려받기 및 사용 유도에 있다. TV, 신문과 같은 매체를 통한 광고, 버스 광고 등도 결국에는 앱 내려받기 및 사용을 목적으로 하는 마케팅 활동이다. 따라서 어떤 마케팅 활동을 했던 간에 마케팅 활동을 통해 유입된 앱 사용자들의 지속 사용 여부에 관해 확인을 하는 것이 필요하다.

지속 사용에 대해 확인하는 방법에는 잔존율(Retention Rate)이 있다. 잔존율이란 특정 시점에 앱을 이용한 앱 사용자가 일정 시점이 지나서도 계속 이용하는 비율이다. 일별 잔존율은 오늘(D일) 앱을 이용한 사용자가 D+1일, D+2일, D+3일에도 이용하는 비율을 의미하고, 주별 잔존율은 이번 주에 이용한 사용자가 W+1(차주), W+2주(차차주)에도 이용하는 비율, 월별 잔존율은 M월에 앱을 이용한 사용자가 M+1월 이후에도 이용하는 비율을 의미한다. 지속적 사용 여부를 확인하기 위해서 일별/주별/월별 잔존율 전부를 확인할 필요는 없다. 앱의 특성에 따라 선택해서 확인하면 된다. 게임과 같이 매일매일 사용하는 앱일 경우 일별 잔존율이 중요하고 사용자들이 주 단위로 사용하는 앱은 주별 잔존율이 중요하다.

잔존율에 대해 분석할 때는 마케팅 활동을 통해 유입된 사용자의 특성, 마케팅 활동의 내용, 마케팅 채널, 마케팅 메시지 등에 따라 잔존율이 달라질 수 있으며, 동일한 내용의 마케팅 활동이라고 할지라도 마케팅 채널에 따라 잔존율이 달라질 수 있다는 사실을 유념해야 한다.

잔존율 분석 결과 마케팅 채널이 달라짐에 따라 잔존율의 차이가 크게 발생한다면 마케팅 채널을 변경하는 것이 필요하고, 마케팅 활동에 따라 잔존율 차이가 크게 난다면 마케팅 활동을 변경해야 한다. 앱 사용자의 잔존율은 여러 가지 요인에 따라 달라질 수밖에 없다. 따라서 정확한 마케팅 활동의 유효성을 확인해 보기 위해서는 마케팅 활동 요인별로 구분하여 잔존율을 비교해 보는 것이 필요하다. 요인별로 잔존율 차이를 파악해 보는 효과적인 방법으로 코호트 분석(Cohort Analysis) 방법이 있다.

코호트 분석

코호트 분석이란 특정 시기에 앱을 내려받기(또는 사용)한 사용자가 얼마나 오랫동안 사용하는지를 알아 보는 방법이다. 코호트 분석은 어떤 마케팅 활동이 앱의 지속 사용 유도라는 목적에 가장 부합한 활동이었는가를 파악할 수 있고, 사용자의 특성이나 마케팅 메시지, 마케팅 채널 등 마케팅 활동별로 잔존율에 미치는 영향 파악이 가능해 향후 추진할 마케팅 활동 설계에 도움을 주는 방법으로 유효 마케팅(Effective Marketing)을 하는 데 있어서 꼭 필요한 분석방법이다.

다음 페이지의 표는 앱 K에 신규 가입한 사용자들의 6개월간의 잔존율 데이터다. Table A의 잔존율이 Table B의 잔존율보다 더 높다. Table A의 사용자들은 앱이 제공하는 K 기능을 경험한 사용자들이고, Table B는 K 기능을 이용하지 않는 사용자들이다. 두 집단의 명확한 비교 분석을 위해서는 잔존율에 영향을 주는 여러 가지 변수를 모두 제외하고 K 기능의 사용 여부만을 변수로 분석하는 것이 필요하다. Table A, Table B는 다른 변수가 모두 제외되고 추출된 데이터다. Table A, Table B와 같은 코호트 분석을 통해 K 기능이 잔존율에 긍정적 영향을 주고 있음을 알 수 있다.

Table A

구분	M	M+1	M+2	M+3	M+4	M+5	M+6
201512	100%	64%	54%	49%	46%	45%	45%
201601	100%	67%	59%	54%	52%	52%	
201602	100%	64%	56%	53%	51%		
201603	100%	61%	54%	52%			
201604	100%	57%	52%				
201605	100%	61%					
201606	100%						

Table B

구분	M	M+1	M+2	M+3	M+4	M+5	M+6
201512	100%	51%	40%	35%	33%	31%	31%
201601	100%	53%	44%	39%	37%	37%	
201602	100%	50%	41%	38%	37%		
201603	100%	47%	39%	38%			
201604	100%	46%	40%				
201605	100%	50%					
201606	100%						

또한, Table A의 잔존율을 보면 2016년 1월 가입자들의 M+1월 잔존율이 상대적으로 높은 것을 알 수 있다. 2016년 1월에 유입된 신규 가입자들의 연령대가 어떻게 되는지, 또는 1월에 어떤 마케팅 활동을 했는지 등을 추가로 파악해 보면 1월 가입자들의 잔존율이 높은 이유가 파악될 수 있을 것이고, 향후 추진할 마케팅 활동에 활용할 수 있다.

잔존율에 영향을 주는 여러 가지 변수들을 기준으로 좀 더 세밀하게 분석해 보면 채널별, 마케팅 콘셉트별, 마케팅 메시지별로 앱 사용자의 잔존율 파악이 가능해진다.

PART 04

앱 마케팅 실행방안 11가지

앱 마케팅
실행방안에 관하여

PART 03에서 앱 마케팅 추진 방향을 결정짓는 핵심 포인트인 앱 마케팅의 4요소 및 앱 마케팅 추진 시 지켜야 할 주요 사항에 대해서 알아보았다. 이를 통해 당신은 앱 마케팅 환경이 기존의 마케팅 환경과 다르고 소비자가 앱을 선택하는 행동 패턴 역시 상품 및 서비스 구매 시 보이는 행동 패턴과 달라 기존의 마케팅 방법으로는 당신이 원하는 소기의 성과를 달성할 수가 없으며, 마케팅을 성공하기 위해서는 상이한 환경 및 소비자 행동 패턴에 적합한 마케팅 활동을 추진해야 한다는 사실을 충분히 이해하였을 것이다.

최근의 변화된 마케팅 환경 및 소비자의 행동 패턴에 적합한 마케팅 활동에는 무엇이 있을까? PART 03에서 앱 마케팅의 핵심요소인

4E(Exposure, Experience, Execution, Effectiveness)를 중심으로 앱 마케팅 환경에 적합한 실행 방안에 대해 간략하게 설명을 하였다. 하지만 현장에서 직접 실행하기에는 다소 부족할 수 있어 PART 04에서 구체적인 앱 마케팅 실행방안에 관해 설명하도록 하겠다.

다음의 11가지 앱 마케팅 방법은 어떤 종류의 앱에도 적용이 가능한 실천적인 방법으로 현장에서 앱 마케팅을 추진하면서 얻은 값진 경험과 시행착오를 바탕으로 정리한 것으로 현업에서 앱 마케팅 추진 시 많은 도움이 될 것이다.

앱 마케팅 실행방안 11가지

1. 강력한 메시지로 사용자의 관심과 흥미를 끌어라

2. 사용자의 Context와 연관성을 높여라

3. 마켓 내 상위에 노출하라

4. 앱이 자주 검색되도록 하라

5. 네트워크 효과를 이용하라

6. 좋은 첫인상을 남겨라

7. 앱 사용 경험과 마케팅 메시지를 일치시켜라

8. 긍정적 사용자 경험을 제공하라

9. 계속해서 사용할 수 있는 이유를 제공하라

10. 앱 사용에 대한 Remind를 하라

11. 사용자의 관여도(Input)를 높여라

강력한 메시지로 사용자의 관심과 흥미를 끌어라

강력한 메시지는 단번에 사용자의 관심과 흥미를 끌 수 있으며, 이를 통해 앱 내려받기 및 사용을 유도할 수가 있다. 강력한 메시지는 메시지를 듣거나 본 후 일정 시간이 지나거나 환경이 바뀌어도 기억할 수 있으며, 메시지가 전달하는 가치Value가 무엇인지 바로 느낄 수도 있다. 그러면 어떤 메시지를 강력한 메시지라 할 수 있을까? 지금부터 강력한 메시지의 조건에 대해서 살펴보도록 하자.

외부 Exposure 활동과 강력한 메시지

앞에서 예를 들었던 숙박 앱(야놀자, 여기어때 등)의 외부 Exposure 활동 메시지를 비교해서 어느 메시지가 더 이해하기 쉬우며, 공감이 가는지 알아보도록 하자.

『야놀자』 광고의 한 장면

『여기어때』 광고의 한 장면

첫 번째로 전달하고자 하는 메시지가 얼마나 명확한 것인지, 즉 메시지를 통해 전달하고자 하는 '앱이 제공하는 혜택 또는 가치(Value)가 느껴지는가'라는 관점에서 비교해 보자. '여기어때'는 숙박(모텔) 검색 앱이라는 명확한 메시지를 전달하고 있지만, '야놀자'의 경우는 앱을 사용하면 어떤 혜택 또는 가치(Value)을 얻을 수 있는지가 명확하지 않다. 그래서 이 앱어서 '여행 정보', '숙박 정보', '데이트 정보' 등 어떤 것을 얻을 수 있는지 헷갈릴 수밖에 없다. 앞서 PART 03 Expousre 활동에서 설명했던 것처럼 앱이 제공하는 혜택(앱 사용 Value)를 명확히 사용자가 느끼거나 판단할 수 있다면 앱에 대한 인지가 앱의 내려받기와 사용으로 쉽게 연결될 수 있다. 하지만 앱 사용 Value가 무엇인지 알지 못하면 메시지가 앱 내려받기로 연결되지 않는다. '야놀자'의 메시지는 개별 앱에 대한 인지 강화보다는 '야놀자' 브랜드에 대한 인지 강화 활동을 진행한 것으로 보인다.

두 번째로 사용자 Context와의 연관성 측면에서 살펴보자. 메시지가 앱을 사용하는 Context와 연관성이 높을수록 소비자는 메시지를 쉽게 이해하고 기억을 더 오래 하게 된다. 사용자 Context란 앱을 사용하는 상황, 조건, 이유 등을 말하며, 연관성이 높다는 것은 메시지가 전달하는 앱 사용 Context에 대해 앱 사용자가 공감을 한다는 의미이다. 쉽게 말해 메시지에서 제시되는 앱 사용 이유에 대해 사용자가 공감할 수 있어야 한다. 앱을 사용하는 상황에 대해 공감되지 않으면 메시지가 앱 사용으로 연결되지 않지만, 공감이 일어난다면 비슷한 상황(TPO)에서 앱을 떠올리게 되고 앱 사용으로 연결될 것이다.

'여기어때'의 메시지가 전달하는 앱 사용 Context를 보면 숙박 검색 앱을 사용하는 Time, Occasion 등이 사용자가 충분히 공감할 수 있는 상황이다. 반면에 '야놀자'는 앱 사용 상황에 대한 공감이라는 측면에서 다소 미흡한 부분이 있다. 전달하는 내용이 대부분 '놀아야 한다, 놀자' 라는 부분에 초점이 맞추어져 있어, '놀고 싶을 때, 여행하고 싶을 때, 정보가 필요할 때' 등 앱을 사용하는 사용자의 Context와 '야놀자'라는 앱의 연결고리가 약하다. 앱 사용과 메시지의 연결고리가 강화되기 위해서는 Time, Place, Occasion 관점에서 앱 사용에 대한 공감이 형성되어야 하지만 '야놀자'가 전달하는 메시지는 사용 Context와의 연관성이 높지 않은 것처럼 보인다.

세 번째로 메시지의 공감 정도에 대해 비교해 보자. 메시지가 제공하는 문제 해결에 대한 사용자의 공감이다. '당신에게 혜택을 드립니다'라는 메시지를 제공하더라도 사용자가 전혀 공감하지 못한다면 그 메시지는 사용자의 관심과 흥미를 일으키지 못하게 된다.

메시지가 공감을 일으키기 위해서는 앱을 통해 사용자가 해결할 수 있는 문제가 무엇이고, '어떻게 해결할 수 있다'라는 것을 보여주어야 하는데. '야놀자'는 어떤 문제를 해결해 줄 수 있는지를 명확히 보여주지 않는다. 반면에 '여기어때'는 '숙박 정보 검색'이라는 명확한 문제 해결 방법을 제시하고 있다.

구체적으로 메시지를 비교해 보니 이해가 되는가? 왜 어떤 메시지가 더 명확히 이해되고 전달되는지, 어떤 메시지가 더 강력한 메시지인지 이해되는가? 이해가 되지 않는 분들을 위하여 두 가지 앱이 전달하는 메시지를 비교하여 표로 정리해 보았다.

『야놀자』 vs 『여기어때』 메시지 비교

비교 기준	야놀자	여기어때
메시지의 명확성	앱이 제공하는 Value가 무엇인지 잘 판단이 되지 않음	숙박 정보 검색 앱에 대한 메시지가 명확함
Context와의 연관성	어느 상황에서 사용해야 하는지 명확하지가 않음 – 공감대 형성이 부족함	숙박 정보를 찾는 소비자의 Context와 연관됨 – 앱 사용에 대한 공감대가 형성됨 – 문제 해결 상황을 보여 줌
메시지 공감	문제 해결에 대한 불분명한 제시	명확한 문제 해결 제시

이제 외부 Exposure 활동에서 사용자의 관심과 흥미를 끄는 강력한 메시지가 반드시 포함하고 있어야 할 구성 요소에 대해서 알았을 것이다. 강력한 메시지에 반드시 들어가야 할 구성 요소에 대해 다시 한 번 정리해 보면 다음과 같다.

- 명확한 앱 사용 Value의 전달

- 사용자의 Context와 연관성이 높은 앱 사용, 앱 사용 상황, 조건, 이유 등의 명확한 제시

- 명확한 문제 해결 방법 제시 및 해결 방안에 대한 사용자의 공감

강력한 메시지의 구성 요소를 살펴보면 당신이 익히 알고 있는 스토리의 구성 요소와 비슷하다는 것을 느꼈을 것이다. 강력한 메시지는 결국 소

비자가 충분히 공감하는 스토리가 변환된 것이다. PART 02에서 마케팅 관점 스토리를 마케팅 메시지로 변환하는 과정에 대해서 충분히 설명하였으니 여기서는 별도로 언급은 하지 않겠다. 다만 기억을 환기하는 차원에서 마케팅 스토리의 구성 요소 및 각 요소의 정의에 대해서만 다시 한 번 언급하도록 하겠다. 당신이 전달하고자 하는 메시지가 다음의 구성 요소를 제대로 반영하고 있는지 확인해 보라.

마케팅 스토리의 구성 요소

스토리 구성 요소	구성 요소의 정의
상황(TPO)	• 상황이란 언제, 어디서, 어떤 경우에 특정 행동(Activity), 즉 특정 앱을 사용하게 되는지를 알려준다. • TPO가 정확히 있어야 언제, 어떤 상황에서 앱을 사용해야 하는지 명확히 전달할 수 있다.
갈등 (Needs / Pain point)	• 갈등이란 앱 사용자가 공감을 일으킬 수 있는 소비자의 Needs, Pain point를 의미한다. • 사용자가 해결하고자 하는 문제가 클수록, 또는 어려움을 겪는 문제가 클수록 사용자로부터 더 많은 공감을 끌어낼 수가 있다
해결(사용 경험)	• 해결이란 앱을 통해 사용자가 문제를 해결했을 때의 상황을 말한다. • 앱을 통해 문제를 해결했을 때의 놀랍거나 기분 좋은 경험을 전달하면 된다. • 앱을 통해 문제 해결 후 얻는 기쁨이 클수록 사용자의 좋은 경험이 많을수록 사용자의 더 많은 관심과 흥미를 끌 수 있다.

내부 Exposure 활동과 강력한 메시지

사용자의 관심과 흥미를 끄는 강력한 메시지는 외부 Exposure 활동뿐만 아니라 내부 Exposure 활동에서도 중요한 요소이다. 내부 Exposure 활동은 모바일을 중심으로 한 활동으로 메시지를 전달하는 데 공간적 제약이 존재한다. 따라서 앱 사용자의 눈에 띄었을 때 한번에 사용자의 관심과 흥미를 끌 수 있어야 한다.

사용자가 앱 마켓에서 특정 키워드 검색 후 나타난 다양한 앱을 살펴볼 때 가장 먼저 보게 되는 것이 바로 앱에 대한 설명을 보여주는 한 문장이다. 이 한 문장이 사용자의 관심과 흥미를 끌지 못한다면 사용자는 그냥 지나쳐 버린다. 이 한 문장의 구성을 어떻게 하느냐에 따라 앱의 내려받기가 결정된다.

아래의 사진은 구글 스마트 라이프 앱 모음 중 몇 가지 앱에 대한 화면을 보여주고 있다. 사진에서 보이는 앱 중 위의 두 가지 앱과 아래의 두 가지 앱을 비교해 보자.

구글 플레이 스토어 '라이프' 앱 화면

'언니의파우치'와 '똑똑가계부'는 어떤 앱인지 한눈에 파악할 수 있다. '똑똑가계부'는 앱의 이름에서도 어떤 앱인지 알 수 있으며, '언니의파우치'는 앱에 대한 설명에서 어떤 앱인지 파악할 수 있다. 반면에, 아래에 있는 '데이그램'은 어떤 앱인지 전혀 알 수가 없다. '다이어트 앱인가? 아니면?' 이라는 생각을 들게 한다. '카페인' 앱 또한 무엇을 하는 앱인지 쉽게 판단이 되지 않는다.

그렇다면 4가지 앱 중 어느 앱에 사용

자가 더 관심을 가지게 될까? '데이그램'과 '카페인' 앱은 사용자의 관심을 끌지 못할 확률이 높다. 사용자 입장에서 한눈에 어떤 종류의 앱인지, 사용 Value가 무엇인지 파악이 되지 않기 때문에 굳이 앱을 내려받기해 볼 필요가 없는 것이다.

내부 Exposure 활동에서 강력한 메시지의 의미와 역할에 대해서 이해가 되었는가? 내부 Exposure 활동에서 메시지란 앱 이름을 포함하여 앱에 대한 설명을 제공하는 문구(또는 문장)로, 앱 설명 문구가 강력할수록 사용자의 관심과 흥미를 끌기 쉽고, 이를 앱 내려받기로 연결하기가 쉽다.

앱을 설명하는 문구(또는 문장)가 사용자의 관심과 흥미를 끌기 위해서는 다음의 사항을 지켜야 한다.

- 앱이 제공하는 Value 또는 앱을 통해 해결해 주는 문제에 관한 내용을 포함
- 앱을 설명하는 문구(또는 문장)는 지속적으로 업데이트

위에서 언급한 '데이그램' 또는 '카페인'처럼 앱을 활용하여 무엇을 할 수 있는지, 또는 앱이 사용자의 어떤 문제나 어려움을 해결해 주는지에 대한 설명이 없다면, 사용자는 앱이 무엇을 제공하는지 전혀 알 수가 없다 뿐만 아니라 사용자에게 도움이 되는지 아닌지를 판단할 수 없기 때문에 앱을 내려받을 이유를 갖지 못한다. 관심을 끄는 다른 앱도 충분히 많은데, 굳이 무엇을 하는지도 모르는 앱을 내려받을 이유가 전혀 없는 것이

다. 따라서 앱을 설명하는 문구(또는 문장)에는 앱이 무엇을 하는지, 어떤 Value를 주는지에 대한 내용이 반드시 들어가 있어야 한다.

'똑똑가계부'는 가계부 앱이라는 것을 앱 이름에서 극명하게 보여주고는 있지만, 가계부 앱이라는 것 말고는 앱을 통해서 무엇을 할 수 있는지, 즉 앱이 사용자에게 제공하는 Value가 전혀 드러나지 않고 있다. 예를 들어, '똑똑가계부 – 수기 작성이 필요 없는 또는 돈 버는' 등과 같이 다른 가계부 앱과 차별화할 수 있는 내용이 포함되어 있으면 훨씬 더 쉽게 앱에 대한 이해가 가능할 것이다.

반면에, '언니의파우치'는 '뷰티 정보 앱'이라는 앱이 제공할 수 있는 Value를 어느 정도 표현해 주고 있어, 4가지 앱 중에서는 가장 메시지를 잘 전달하고 있는 앱이라고 할 수 있다. 다만 조금 아쉬운 점은 '뷰티 정보'라는 표현보다는 '뷰티 팁'이라는 표현을 사용하여 좀 더 사용자가 겪고 있는 문제 해결 측면에서 접근하였으면 어땠을까 하는 생각이 든다.

두 번째로, 앱을 설명하는 문구(또는 문장)가 계속적으로 차별성을 유지하지는 못하기 때문에 지속적으로 수정을 해주어야 한다. 비슷한 종류의 앱들이 하루에도 수십 가지가 나오고 있으며, 누구나 금방 유사한 기능을 만들어 낼 수 있기 때문에 얼마 지나지 않아 앱들이 비슷해진다.

비슷비슷한 앱들 사이에서 사용자의 관심을 끌기 위해서는 앱을 설명하는 메시지나 문구가 항상 앞서 나갈 수 있어야 한다. 기능에서의 미세한 차이를 가지고도 사용자에게 다르게 어필^{Appeal}할 수 있는 메시지를 만들어 내는 것이 마케팅의 역할이다. 앱 론칭 시기에 차별화된 메시지로 사용자에게 어필했다고 하여도, 시간이 지나면 경쟁사 또는 후발 주자들에 의해 금방 비슷비슷해진다. 따라서 남들보다 먼저 한발 앞서 메시지에 변화를 줄 수 있어야 한다.

■ **핵심 포인트**

강력한 메시지는 마케팅 활동, 특히 앱의 Expousre 강화를 추진할 때 앱에 대한 인지도를 높이고 내려받기를 유도하기 위해서 가장 먼저 활용해야 하는 방법의 하나이다. 현업에서 과다한 마케팅 비용 투입 없이도 실천 가능한 방법이므로 다음의 강력한 메시지 조건 등을 반드시 숙지해서 활용하기를 바란다.

스토리 구성요소	강력한 메시지의 조건
외부 Exposure 활동	• 명확한 앱 사용 Value를 포함 • 사용자의 Context와 연관성이 높은 앱 사용 상황, 조건, 이유 등을 명확히 제시 • 명확한 문제 해결 방법 제시 및 해결 방안에 대한 사용자의 공감
내부 Exposure 강화	• 앱을 설명하는 문구(또는 문장)에 앱이 제공하는 Value 또는 앱을 통해 해결해 주는 문제에 관한 내용을 포함 • 앱을 설명하는 문구(또는 문장)는 지속적으로 업데이트

사용자의 Context와
앱의 연관성을 높여라

소비자는 매일 매시간 수많은 마케팅 메시지에 둘러싸여 있다. 당신이 얼마나 많은 마케팅 메시지에 둘러싸여 있는지 확인하려면 PART 01을 다시 한 번 살펴보기 바란다. 소비자들은 시시각각으로 TV 광고, 옥외 광고, 인터넷 광고 등 다양한 마케팅 메시지를 접하기 때문에 모든 마케팅 메시지를 기억할 수가 없다. 소비자는 자신과 관련이 있다고 생각하는 것들에 대해서는 대체로 기억하지만, 자신과 관련 없다고 생각하는 것들은 쉽게 기억하지 못한다. 다시 말하면 자신과 관련성이 높다고 생각되는 마케팅 메시지, 즉 자신의 겪고 있는 문제점을 해결해 주거나 필요한 사항을 채워 주거나, 또는 자신의 관심사항이 녹여 들어가 있는 마케팅 활동에 대해서는 관심을 가지게 된다. 그렇지 않은 경우 전혀 관심을 가지지 않으며, 관심을 갖지 않는 마케팅 활동은 기억하지 못한다. 남성 독자 중 여성 화장품의 마케팅 활동을 기억하는 분이 있는가? 물론 화장품 모델을 제외하고 말이다. 아마 대부분 기억하지 못할 것이다.

마케팅 활동과 사용자 Context

앱 마케팅 활동의 목적은 앱에 대한 인지도를 높이고 이를 앱 내려받기 및 사용으로 연결하는 것에 있다. 특히, Exposure는 앱을 소비자에게 최대한 노출시키고 내려받기 및 사용을 활성화하고자 하는 활동이다. 소비자에게 앱을 최대한 노출하고 알리는 왕성한 마케팅 활동을 했음에도 불구하고 앱 내려받기 및 사용이 이루어지지 않았고 소비자(앱 사용자)가 앱에 대해서도 잘 인지하지 못하고 있다면, 이는 Exposure 활동이 적합하지 않은 타겟Target을 대상으로 적합하지 않은 시기에 시행되었기 때문일 것이다.

그럼 어떻게 마케팅 활동을 해야 소비자의 관심을 끌수 있을까? 또는 마케팅 메시지를 기억하게 할 수 있을까? 특정 마케팅 메시지 또는 마케팅 활동이 자신이 현재 겪고 있는 문제(고민, 생각 등), 상황 등 자신의 Context와 관련이 있다고 생각될 때 소비자는 관심을 가장 크게 가지게 된다.

예를 들어, 당신이 버스 정류장에서 버스를 기다리는 상황이라고 가정을 해보자. 이때 당신이 가장 쉽게 기억하거나 내려받을 가능성이 높은 앱은 어떤 것들일까? 버스 정류장에서 버스를 기다릴 때 당신의 가장 큰 관심사는 아마 버스 도착 예정시간, 버스 기다리는 시간 동안 무엇을 할지, 목적지까지 얼마나 걸릴 것인지 등일 것이다. 물론 어느 시점에 버스를 기다리는지에 따라 관심사 또한 충분히 달라질 수 있지만, 여기서는 일반적인 상황에서의 관심사를 말한다. 이 상황에서 당신이 관심을 가질만한 앱은 교통정보 제공 앱, 버스 도착시각 제공 앱, 버스 기다리는 시간 동안 가볍게 하거나 볼 수 있는 게임, 뉴스 앱 등일 것이며, 당신의 Context에 따라 조금 달라질 수도 있다.

이처럼 사용자의 Context에 따라 사용자들의 관심을 끌게 되는 앱은 다르다. Context란 사용자가 처해 있는 물리적 상황뿐만 아니라 심리적 상황까지 등을 모두 포함한다. 위에서 언급한 버스 정류장에서 버스를 기다리고 있는 것뿐만 아니라 버스를 기다리면서 시간 보낼 것을 찾는다든가 하는 것들이 모두 사용자의 Context에 포함된다. 교통정보 제공 앱 처럼 사용자의 Context에 적합한 앱의 마케팅 활동을 접하게 되면 소비자(사용자)는 당연히 관심을 갖게 되고 마케팅 활동이 전달하는 메시지를 기억하게 되며, 마케팅 활동이 자연스럽게 앱 내려받기 및 사용으로 이어지게 된다. 다시 말하면 앱에 적합한 사용자의 Context를 찾아내고, 사용자의 Context에 적합한 마케팅 활동을 시행하면 앱에 대한 인지 및 내려받기, 사용을 효과적으로 유도할 수 있게 된다.

따라서 언제 어떤 방법으로 마케팅 메시지를 전달하는가가 마케팅 활동에서 중요해진다. 위에서 언급한 것처럼 앱을 사용할 가능성이 높은 상황에 메시지가 전달될 경우 앱을 내려받아 사용할 확률이 높아지기 때문에, 앱을 사용할 가능성이 높은 상황에 메시지가 전달되도록 해야 한다. 즉, 마케팅 활동이 사용자의 Context와 연관성이 높도록 해야 한다.

사용자 Context와 앱 연관성 파악하기

사용자의 Context와 연관성이 높은 마케팅 활동을 하기 위해서는 첫 번째로 앱을 사용할 사용자가 누구인지 확인을 하고, 두 번째로 앱이 소비자의 어떤 상황에서 사용되는지 또는 소비자가 어떻게 사용하는 것이 가장 Value가 있는지를 판단하여 사용자의 Context에 적합한 매체와 시기를 선택하면 된다.

가장 먼저 앱을 사용할 사용자가 누구인지 알아보자. 앱을 사용할 사용자, 즉 Target 사용자는 앱을 개발할 때부터 설정하였을 것이다. Target 사용자를 재설정할 필요는 없다. 만약 구체적으로 Target 사용자를 정하지 않았다면, PART 01에서 설명한 '타겟(Target) 매트릭스'(예시 참조)를 활용해서 Target 사용자를 설정하면 된다. Target 사용자를 너무 넓게 또는 너무 좁게 설정되지 않도록 주의하기 바란다. 대한민국 남성보다는 20대 남성, 20대 남성보다는 20대 남자 직장인이 Target 사용자로 적합하다.

[예시]

타겟(Target) 매트릭스

연령대	제공 서비스	이용행태(TPO)	이용빈도	선호사항

두 번째로 앱을 사용할 사용자에 대해 확인을 하였으면 앱이 사용될 수 있는 상황, 즉 어떤 상황에서 Target 사용자들이 앱을 사용하게 될 것인가를 머릿속으로 그려보고, 다음으로는 앱 사용 Value를 가장 크게 느낄 가능성이 큰 순간이 언제인지 그려본다. 앱이 사용되는 상황을 그려볼 때는 아래와 같이 Time, Place, Occasion을 적용하면 도움이 된다.

- Time(언제) : 아침, 오전, 점심, 오후, 저녁, 밤 등 구체적 시간
- Place(어디서) : 집, 직장, 학교, 대중교통, 카페 등 이용 가능성이 큰 장소

- Occasion(특정 상황, 때) : 쉬는 시간, 이동 중, 심심할 때, 잠자기 전

TPO(Time, Place, Occasion)는 앱을 사용하는 상황을 그려보기 위한 도구로 생각하면 된다. 모든 앱이 Time, Place, Occasion에 정확히 맞추어 사용되지는 않는다. Time과 Place가 겹치기도 하고, Place와 Occasion이 충돌하기도 한다. 따라서 TOP는 언제, 어디서, 어떤 상황에서 메시지를 어떤 방식으로 전달해야 가장 효과적인지를 판단하기 위한 도구로 생각하는 것이 좋다.

사용자의 Context와 앱 연관성이 가장 높은 순간 파악하기

사용자의 Context와 연관성이 높은 마케팅 활동을 하기 위해 사용자의 Context와 앱 연관성이 가장 높은 순간을 찾는 방법에 관해서 설명하였다. 이해가 되었는가? 당신의 이해를 돕기 위해 '언니의파우치' 앱을 예로 하여 사용자의 Context와 앱 연관성이 가장 높은 순간을 찾아보도록 하겠다.

먼저, 이 앱에 관심을 가질 만한 사용자가 누구일지 생각해 보자. 아마 뷰티 정보에 관심이 있는 10대, 20대의 여성이 주 사용층이 될 것이다. 30대 여성들도 물론 사용층이 될 수 있지만, 20대 후반부터 30대 이상의 여성들은 이미 화장 및 뷰티에 대한 자기만의 노하우를 가지고 있기 때문에, 20대 후반, 30대 여성들보다는 이제 막 화장 등 뷰티에 관심을 두는 10대 후반부터 20대 초반의 여성이 주요 Target이 될 것이다.

다음으로 언제 가장 많이 사용할 것인지에 대해 생각해 보자. 10대 후반부터 20대의 여성들이 언제 가장 많이 '언니의파우치' 앱을 사용하게 될까? Target에 따라 사용하게 될 시간, 장소, 상황들이 충분히 다를 수 있지만, 여기서는 20대에 초점을 맞추고 설명을 하도록 하겠다.

앱 사용 가능성이 가장 큰 시간은 주로 오후 또는 저녁, 밤이 될 것이다. '언니의파우치' 앱에서 제공하는 뷰티 관련 정보는 날씨, 가격비교와 같은 스팟성 정보가 아니라, '조리법', 'DIY' 등과 같은 '지식성 정보'이다. 따라서 조회(검색)된 정보를 지식으로 습득하거나 습득한 노하우를 연습해 볼 최소한의 시간이 필요하다. 등교 및 출근 준비로 시간이 촉박한 아침 또는 오전보다는 수업이 끝난 오후, 퇴근 후 밤 등이 사용하기에 최적의 시간이 될 것이다.

다음으로 어떤 상황에서 이 앱에 대한 사용 가능성이 가장 클까? 사용 가능성이 가장 큰 상황은 아무래도 화장법 등 뷰티 관련 정보가 가장 필요로 하는 때, 즉 현재 하고 있는 화장 등의 방법이 마음에 들지 않거나 또는 특정 상황(소개팅, 파티, 친구 만날 때 등)에 맞는 화장법을 어떻게 해야 할지 모를 때가 될 것이며, 다음으로는 자투리 시간이 발생했을 때가 될 것이다. 다시 말하면, 대중교통으로 이동 중일 때, 잠자기 전 또는 아침 등교 또는 출근 중이 될 것이다.

무언가 조금 이상한 점이 있다는 것을 느낄 것이다. 앱을 사용할 가능성이 있는 상황에서 충돌이 일어나고 있다. Time 관점에서 오전보다는 오후 또는 밤 등이 사용하기에 최적의 시간인데, 상황적으로 보면 아침 등교 또는 출근 중에 가장 많이 사용하게 된다. 어떤 것이 맞을까? TPO는 앱을 사용하는 상황을 생각해 보기 위한 도구일 뿐이며, 겹치거나 충돌이 일어나기도 한다고 하였다. 앱을 사용할 상황이 겹치거나 충돌이 발생한다면 어느 상황이 더 긴급한지 또는 우선순위가 높은지를 판단하면 된다. 즉, TPO를 활용해서 앱을 사용할 상황 및 시간 등을 생각해 보고 사용 가능성의 우선순위를 정하면 된다.

'언니의파우치'를 사용하는 시간은 아침 출근 또는 등교 시간, 대중교통(버스, 지하철 등) 이용 중일 때가 될 것이다. 자신의 화장법 등에 대해 만족하는 여성은 극히 일부분으로, 많은 여성이 자신의 화장이 만족스럽지 못한 상황에서 출근하거나 등교할 것이다. 따라서 출근이나 등교 시간, 특히 대중교통으로 이동하는 자투리 시간이 '언니의파우치'를 사용할 가능성이 가장 큰 상황이다. 즉, 사용자 Context와 '언니의파우치' 앱 연관성이 가장 높은 순간이다.

이때를 맞추어 Exposure 활동을 진행하면 된다. 비용이 허락한다면 가능한 외부 Exposure 활동으로는 사용자의 출·퇴근을 고려하여 지하철 스크린 도어, 버스 정류장 광고 등이 될 것이고, 모바일 광고를 한다면 잠자기 전 화장을 지우면서 화장법에 관해 관심이 높은 사용자의 Context를 고려하여 저녁 늦은 시간에 진행하면 될 것이다. 결국 온종일 모바일 광고를 할 필요 없이, 사용자의 Context와 앱의 연관성이 높은 시간을 선택하여 진행하는 것이 가장 효율적인 방법이다.

지금까지 '언니의파우치' 앱을 통해 앱 사용과 연관성이 높은 사용자의 Context를 찾는 방법에 관해서 설명을 하였다. 이를 간단히 정리해 보면 다음의 표와 같다. 처음에는 다소 복잡하고 어려울 수도 있으나 연습을 통해 앱과 연관성이 높은 사용자의 Context를 찾는 방법을 익히길 바란다.

앱 사용과 연관성이 높은 사용자의 Context를 찾는 방법

항목	주요 내용
Target 선정	1. 앱 사용 Target 확인 　- 20대 여성
Context 확인	2. 앱 사용 가능성이 높은 TPO 확인

연령대	Time	Place	Occasion
20대	• 오후, 늦은 밤 • 출·퇴근 시간 • 자투리 시간	• 대중교통 • 집	• 현재 하고 있는 화장이 마음에 들지 않을 때 • 특정 상황에 맞는 화장법을 어떻게 해야 할지 모를 때 • 색다른 화장을 하고 싶을 때

3. 앱 사용과 연관성이 가장 높은 사용자 Context 우선 순위 선정

우선순위	Time	Place	Occasion
1 순위	• 출·퇴근 시간	• 대중교통	• 현재 하고 있는 화장이 마음에 들지 않을 때 • 특정 상황에 맞는 화장법을 어떻게 해야 할지 모를 때 • 색다른 화장을 하고 싶을 때
2 순위	• 저녁, 늦은	• 집	

4. Context별 추진 가능한 마케팅(Exposure) 활동 List-up

TPO	마케팅 활동 List
• 출·퇴근 시간 대중교통 이용	• 지하철 광고 • 버스 광고 • 모바일 광고
• 늦은 저녁	• 모바일 광고 • 포털 사이트 배너 광고

마케팅 활동 선정: - R&C 및 앱의 특성을 고려하여 적합한 마케팅 활동 선정

최근에 앱 간의 경쟁이 심화되면서 버스, 지하철 스크린 도어 및 버스 정류장 광고 등을 많이 진행하고 있다. 게임이나 O2O 등 많은 앱이 무분별하게 경쟁하는 것처럼 보인다. 하지만 모든 앱이 전부 다 지하철 스크린 도어 광고, 버스 정류장 광고를 할 필요가 없다. 물론, 광고를 통해 앱의 인지도를 높일 수는 있겠지만 인지도가 꼭 내려받기로 이어지지 않는다. 어떤 방법을 선택해서 Exposure 활동을 하든 결코 잊어서는 안 되는 것이 Exposure 활동의 목적이다. 단순 인지도 상승이나 노출을 위한 Exposure 활동은 자제해야 한다. 당신이 하고자 하는 마케팅 활동은 브랜드 인지드를 높이기 위한 활동이 아니라, 앱에 대해서 알리고 사용하도록 유도하고자 하는 활동이다. 따라서 사용자들이 앱을 내려받고 사용하는 데 장애물이 가장 적은 상황을 선택해서 마케팅 활동을 진행해야 한다. 앱 사용자의 Context 측면에서 충분히 고려해 보고, 마케팅 활동을 진행하는 것이 필요하다.

사용자의 Context와 관련된 이야기를 하나를 소개하려고 한다. 필자가 모 인터넷 회사의 세그먼트 상품 기획을 하면서 어린아이가 있는 가정주부와 인터뷰를 한 적이 있다. 인터뷰 중 가장 인상 깊었던 쇼핑 시간과 관련된 이야기이다.

> "밤 12시 전후로 빨래를 다 해 놓고, 빨래에서 나는 향긋한 냄새를 맡으면서 커피 한잔을 마셔요. 온전히 나만의 시간을 갖는 것이죠. 이때 커피를 마시면서 간단한 쇼핑 검색을 해 보죠. 내가 다른 사람이 되는 것처럼…"

■ 핵심 포인트

사용자의 Context에 따라 사용자들이 관심을 두는 앱은 달라진다. 마케팅 메시지 또는 마케팅 콘텐츠가 자신이 현재 겪고 있는 문제(고민, 생각 등), 상황 등 자신의 Context와 관련이 있다고 느낄 때 사용자는 마케팅 메시지에 관심을 갖게 되고, 마케팅 활동이 전달하는 메시지를 기억하게 된다. 따라서 앱 사용에 적합한 사용자의 Context를 찾아내고, 사용자의 Context에 적합한 마케팅 활동을 시행하는 것이 필요하며, 이는 앱 마케팅의 기본이다.

앱 마케팅의 기본이면서 가장 중요한 앱 사용과 연관성이 높은 사용자의 Context를 찾고, Context에 적합한 마케팅 활동을 추진하는 방법은 다음과 같다.

- 앱을 사용할 사용자(Target 고객)가 누구인지 확인한다.

- Target 사용자들이 앱을 사용하게 될 상황을 그려본다.

  − 앱이 사용되는 상황을 그려볼 때는 Time, Place, Occasion을 중심으로 생각한다.

- 앱 사용과 가장 연관성이 높은 사용자 Context를 선정한다.

- 사용자 Context에 적합한 마케팅 활동을 선정하여 시행한다.

앱 마켓 내 상위에 노출하라

특정 키워드[Key word], 단어를 검색했을 때 결과 값으로 보이는 앱은 평균적으로 100개가 넘어간다. 그중 사용자들이 살펴보는 앱(아주 잠깐 앱 이름 정도만 보는 것도 포함하여)은 50개를 넘지 않는다. 즉. 검색 결과를 그 페이지를 넘겨 확인하지 않는다. 1페이지에 25개의 앱이 나타나기 때문에 50위 안에 들어가지 못하면 앱은 사용자의 눈에 띌 방법조차 갖지 못한다. 사용자에게 앱에 대해 알릴 기회조차 없게 되는 것이다. 따라서 어떤 방법을 사용하든지 앱 마켓 내 상위에 올릴 수 있도록 해야 한다.

앱 마켓에서 상위 25위 안에 들게 되면 자연 발생적으로 하루에 1만 건 정도의 내려받기가 발생한다. 따라서 3일만 상위에 노출된다고 가정하면, 별도의 마케팅 비용을 쓰지 않고도 자연 발생적으로 3만 건 이상의 내려받기가 발생하게 된다.

상위에 랭크되기 위해서는 하루에 얼마나 내려받기가 되어야 할까? 당신이 개발자이건 마케팅을 하는 사람이건 간에 한 번쯤은 생각해 보았을 것이다. 이에 대한 답을 앱과 앱마켓 전문 분석기업인 Distimo가 2013년 5월에 내놓았다.

Distimo에 따르면, 아이폰 기준으로 앱 스토어[App Store]에서 상위 50위 안에 랭크되기 위해서는 일 무료 앱 기준으로 23,000개 이상의 내려받기가 필요하고, 유료 앱의 경우 950개 정도의 내려받기가 필요하다. 매출 기준(Grossing Charts)으로는 일 12,000달러가 필요하다. Top 10안에 들기 위해서는 무료 앱의 경우 일 70,000건의 내려받기가, 유료 앱은 일 4,000건의 내려받기가 필요하다. Gross ranking으로는 일 47,000달러의 매출이 필요하다. 아이패드[iPad] 기준으로는 무료 앱의 경

우 일 8,200건의 내려받기, 유료 앱은 480건의 내려받기가 Top 50안에 들기 위

해 필요하다.

또한, 주중이 내려받기 건수가 낮고, 주말이 약간 높은 경향을 보이고 있다. 요일

별로 보면 월요일을 100이라고 봤을 때 화요일은 상승, 수요일과 목요일은 감소하

고 있으며, 금요일에 월요일 수준으로 회복되고, 주말에는 내려받기가 늘어난다.

더 자세한 내용을 보고 싶은 분은 아래 링크를 참조하면 된다.

[참조 : http://techcrunch.com/2013/06/27/how-do-you-break-into-iphone-app-store-top-50-try-23k-free-daily-downloads-950-paid-or-12k-in-daily-revenue]

따라서 내려받기를 유도하는 마케팅을 통해 일정 수 이상의 내려받기를 확보하여 앱을 앱 마켓 내 상위 순위에 랭크[Rank]시키고, 앱 사용자들이 자발적으로 내려받는 선순환 구조를 이루어 내는 것이 앱 마케팅 초기이는 필요하다.

보상형 마케팅(CPI)

앱 마케팅 초기에 대량의 내려받기를 유도할 수 있는 방법에는 포인트, 아이템 등의 특정 혜택을 리워드로 제공하여 내려받기를 유도하는 CPI(click per install) 방법이 있다. CPI는 Reward를 제공하고 앱 내려받기를 유도하는 방법으로 앱 마케팅하면 대부분 떠올리는 대표적인 방법이다. CPI는 3개월에 100만 내려받기도 유도할 수 있을 정도로 단기간에 대량의 내려받기를 이루고자 할 때 사용할 수 있는 방법이지만, 반면에 단점

도 뚜렷이 있는 방법이다. CPI를 실행할 경우 실사용 고객으로 연결되는 경우는 앱에 따라 다소 차이는 있겠지만, 평균 10% 내외이다. 대부분의 소비자가 내려받기의 반대급부로 주어지는 혜택만 가져가고 앱을 실행시키지는 않아, 실제 회원으로 연결되지 않는 경우가 많다. 특히, 앱 내려받기 및 설치 후 리워드가 들어오는 것이 확인되면 바로 앱을 삭제하는 경우가 많다.

이에 대한 대안으로 회원 가입을 전제로 리워드를 제공하는 CPA(Click per Acquisition), 내려받기 후 실행을 전제로 리워드를 제공하는 CPE(click per execution, 또는 실행형 CPI라고도 함) 등의 방법이 있다. CPE나 CPA는 CPI보다는 나은 방법이지만, 이 역시 한계가 뚜렷하다. 내려받기 대비 회원으로 전환되는 비율이 30%를 넘지 않으며, 앱 내려받기 후 간단히 실행만 시키고 앱을 삭제하거나 방치를 하는 경우가 대부분이다. 따라서 실 회원수를 늘리고 싶거나 실 가입자를 유치하려고 한다면 굳이 권하고 싶지 않은 방법이다. 다만, 초기에 대량의 내려받기를 유도하거나 회원 가입 증가를 목적으로 한다면 적극적으로 사용해 볼 수 있는

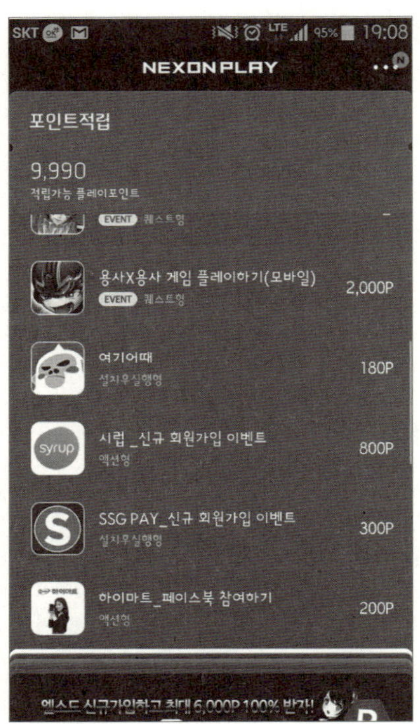

CPI 실행 화면의 예

좋은 방법이다. CPI, 실행형 CPI, CPA 방법 중 어떤 방법을 사용할 것인지는 당신의 선택이다.

보상형 마케팅 활용방법

어떤 방법을 선택할 것인지 결정할 때는 투입되는 마케팅 비용 및 비용 효율성을 고려해 보아야 한다. 투입비용으로 CPI는 설치 건당 대략 200~300원 정도의 비용이 소요되고, 실행형 CPI는 건당 400~500원, CPA는 약 천원의 비용이 든다. 비용 효율성을 고려할 때는 단순히 투입비용만 고려해서는 안 되고, 설치 후 회원 가입 및 실행으로 이어지는 비율까지 고려하여 아래와 같이 비용을 계산해 보아야 한다.

❶ CPI 10만 건을 유도할 경우 소요되는 비용은 3천만 원(10만 건 × 300원)이 투입되지만, 실 회원으로 전환되는 비율 10%를 고려하면 회원 1인당 유치 비용은 1인당 3천 원이 투입

❷ 실행형 CPI(CPE)는 10만 건 실행 시 4천만 원(10만 건 × 400원)이 투입되지만 실 회원 전환은 20% 고려하면, 회원 1인당 유치 비용은 2천 원 투입

❸ CPA는 말 그대로 회원이 되었을 경우 비용을 지불하는 방법으로 전환율 100%로, 1인당 유치 비용은 1500원 투입

1인당 유치 비용 측면에서는 실행형 CPI가 효율적인 방법이지만, 앱

노출도를 고려할 경우 CPI가 더 효율적일 수 있다. 실행형 CPI의 경우 앱 사용자가 인지 단계 초기에 앱 설치 및 실행에 대한 부담을 느끼고 - 요즘 앱은 내려받기 용량은 적지만, 실행하기 위해서는 추가로 대용량의 DB 또는 설치 파일을 받아야 하거나, 몇 가지 번거로운 가입 절차를 거치기도 함 - 앱 내려받기조차 하지 않는 경우가 있다.

CPI를 선택할 것인지 또는 실행형 CPI를 선택할 것인지는 마케팅의 목적이 내려받기에 있는 것인지 아니면, 회원 가입까지 고려하는 것인지에 따라 달라질 것이다. CPI로 대표되는 리워드 제공형 마케팅 앱을 앱 마켓 상위에 랭크Rank시켜 자발적인 앱 내려받기를 유도하는 순환 구조를 만들기 위한 방법으로 활용하는 것이 가장 좋다.

앱 내려받기를 유도하는 방법으로 리워드를 제공하는 CPI가 좋은 방법이지만 비용 효율성을 고려할 경우 무한정으로 CPI를 사용할 수는 없다. 따라서 앱 개발 초기 사용자의 자발적 내려받기 및 실행을 유도하고, 바이럴Viral을 통한 확산 유도를 위해 앱을 앱 마켓 상위에 랭크시키는 수단으로 활용하는 것이 최적의 방법이다.

앱 마켓 상위 25위 안에 들면 자연 발생적으로 하루 1만 건 정도의 내려받기가 발생한다.

앱 마켓 상위에 랭크하기 위한 방법으로 포인트, 아이템 등의 특정 혜택을 리워드로 제공하여 내려받기를 유도하는 CPI(Click per Install) 등이 있다. CPI를 활용하여 3개월에 100만 내려받기와 같은 단기간에 대량의 내려받기를 유도할 수 있지만, 내려받기 후 실 사용자로 연결되는 비율은 10% 내외이다. CPI 외에도 보상형 마케팅 방법에는 회원 가입을 전제로 리워드^{Reward}를 제공하는 CPA(Click per Acquisition), 내려받기 후 실행을 전제로 리워드를 제공하는 CPE(Click per Execution, 또는 실행형 CPI라고도 함) 등과 같은 방법이 있다. 보상형 마케팅은 비용 효율성 및 마케팅 목적을 고려하여 선택하면 된다.

CPI로 대표되는 리워드 제공형 마케팅 방법은 사용자가 자발적으로 앱을 내려받고 사용하는 순환 구조를 만들기 위해 앱을 마켓 상위에 랭크하기 위한 방법으로 활용하는 것이 가장 좋다.

앱이
자주 검색되도록 하라

앞장에서 앱이 상위에 랭크^{Rank}되면 특별한 마케팅 활동 없이 하루 1단
건의 내려받기가 발생한다고 이야기하였다. 내려받기가 활성화되는 이유
는 앱이 카테고리 상위에 랭크되면 그만큼 사용자의 눈에 잘 띄게 되어 내
려받을 확률이 높아지기 때문이다.

앱 마켓 내 상위에 랭크시키는 방법 외에 앱이 사용자의 눈에 잘 띄도
록 하는 방법에는 무엇이 있을까?

먼저, 앱이 자주 검색이 될 수 있도록 해 주어야 한다. 검색 빈도가 높
아지면 자연스럽게 사용자의 눈에 띄게 되고, 사용자의 관심을 끌 수 있게
되기 때문이다. 두 번째로는 앱이 매력적으로 보이도록 만들어야 한다. 앱
이 매력적으로 보이면 역시, 사용자의 관심을 끌 수 있다. 앱이 매력적으
로 보이도록 하는 방법에 대해서는 다음 장에서 설명하도록 하고 이번 장
에서는 앱이 자주 검색되도록 하는 방법에 관해 설명하도록 하겠다.

앱 검색 빈도를 높이는 7가지 방법

앱이 자주 검색되도록 하는 방법에는 다음과 같은 7가지 각각의 방법
에 대해 구체적으로 설명을 하도록 하겠다.

❶ 앱 이름을 소개하는 문구에 앱 이름 외 중요 키워드를 포함한다.

❷ 앱 이름을 정할 때 유명 앱 이름과 차이가 나야 한다.

❸ 앱 설명 내용에 키워드를 포함해 작성한다.

❹ 사용자 리뷰를 관리한다.

⑤ APK의 사이즈를 작게 한다.

⑥ 앱 내려받기 수준을 지속적으로 유지한다.

⑦ 검색 키워드를 주기적으로 변경한다.

앱이 자주 검색되도록 하기 위해서는

첫 번째, 앱 이름을 소개하는 문구에 앱 이름 외 중요 키워드를 포함하는 것이 좋다. 앱 이름을 소개하는 문구에 앱 이름 외에 사용 Value와 관련된 적절한 키워드를 포함할 경우 앱 검색 확률이 높아지고, 사용자의 호기심을 자극해서 앱 내려받기 및 사용 확률이 높아진다.

「언니의파우치」 앱 소개화면

왼쪽의 사진은 '언니의파우치' 앱을 소개하는 사진이다. 이 사진의 검은색 박스를 보면 앱 이름과 앱이 제공하는 Value를 설명하는 주요 키워드들이 잘 정리되어 있다. 뷰티 정보, 화장품, 메이크업, 로드샵 등이 키워드이다. 앱 검색 시 '화장품', '뷰티 정보', '메이크업' 등을 키워드로 검색할 경우 '언니의파우치' 앱은 검색 순위에 나오게 된다.

두 번째, 앱 이름을 정할 때는 유명 앱 이름과 차이가 나게 하는 것이 좋다. 유명 앱 이름과 비슷하면 검색값에 유명 앱 이름만 나올 확률이 높을 뿐만 아니라 우선순위에서도 밀리게 된다.

세 번째, 앱 설명 내용에 키워드를 포함해 작성하는 것이 좋다. 구글 안드로이드(Android)의 경우 검색 결과가 앱 설명문에 들어간 키워드에즈 영향을 받는다. 앱을 설명하는 문장에도 키워드를 포함하면 좀 더 검색 순위를 높일 수 있다. 왼쪽 사진의 앱 설명(파란색 박스) 내용에는 검색 키워드가 '뷰티팁'만 작성되어 있다. 앱 이름 작성 시 포함된 4개의 키워드 중 최소 2~3개만 포함되어 앱 설명이 작성된다면 훨씬 검색이 잘될 수 있다.

네 번째, 검색 순위를 높이기 위해서는 사용자 리뷰를 관리해야 한다. 안드로이드는 사용자 평가도 포함되어 검색 순위가 결정된다. 따라서 사용자 평가를 가능한 좋게 받는 것이 좋다. 이는 대부분의 앱 개발자 및 마케팅 담당자들이 간과하기 쉬운 부분이다. 사용자 평가를 좋게 받기 위해서는 적합한 시기에 앱에 대한 리뷰를 사용자에게 요청하는 것이 좋다. 사용자가 앱에 대한 좋은 경험을 할 수 있는 타이밍을 맞추어 리뷰를 요청하면 사용자 평가가 높아질 확률이 높다. 사용자에게 사용자 리뷰를 요청하는 것 외에도 사용자 리뷰에 부정적 내용은 없는지, 해결되지 않은 사용자 불만은 없는지 관리를 해야 한다. 사용자들의 불만이 발생하는 것을 각을 수는 없지만, 불만에 어떻게 대처하느냐가 더 중요하다.

다섯 번째, APK의 사이즈를 작게 하는 것이 좋다. APK는 앱의 파일 용량 사이즈를 의미한다. 용량 사이즈가 작을수록 내려받아 설치하는 시간이 걸리지 않기 때문에 내려받기 속도를 높일 수 있다. 비슷한 종류의 앱이 많기 때문에 사용자들은 조그마한 불편도 참지 않는다. 내려받고 설치하는 데 오랜 시간이 걸리면 바로 설치를 중단하고 다른 앱으로 떠나버린다.

여섯 번째, 앱 내려받기 수가 일정 수준으로 지속적인 유지가 될 수 있도록 해야 한다. 내려받기 수가 지속적으로 유지되지 않으면 검색 순위에서 빠져 나간다. 일정 수준의 사용자가 확보되기 전까지는 검색 순위를 올리거나 유지하기 위해서 내려받기가 지속적으로 유지되는 것이 필요하다.

마지막으로, 검색 키워드를 주기적으로 변경해야 한다. 앱 클릭률과 내려받기율(다운로드율)을 체크해서 검색 키워드를 변경하는 것이 필요하다. 앱 클릭률과 내려받기율(다운로드율)이 높지 않을 때에는 사용자가 당신이 작성한 키워드 및 앱 설명 문구에 대해 반응을 하지 않는 것일 수 있다. 따라서 키워드 및 앱 설명 문구를 변경해서 클릭률 및 내려받기율(다운로드율)을 높여야 한다.

검색 키워드를 변경할 때는 구글 트랜드^{Trend}를 살펴보는 것이 필요하다. 현재 사용자들이 가장 많이 찾아보는 키워드가 무엇인지 확인해서, 앱 검색 키워드에 포함하는 것이 좋다. 트랜디^{Trendy}한 키워드를 포함할 경우 검색 빈도가 높아지기 때문이다.

다시 말하지만, 검색 순위와 앱 클릭률 및 내려받기율(다운로드율)의 상관관계를 소홀히 해서는 안 된다. 구글에서 명확히 밝히고 있지 않지만 키워드 검색에 따른 앱 클릭률 및 내려받기율(다운로드율)이 높으면 검색 순위가 상승하고, 반대로 검색 후 앱 클릭률 및 내려받기율(다운로드율)이 낮으면 검색 순위와 키워드의 연관성이 낮은 것으로 판단하여 검색 순위가 하락한다. 따라서 클릭율 및 내려받기율(다운로드율)을 파악해서 키워드를 변경해 주는 것이 필요하며, 때로는 검색 순위와 키워드의 연관성을 높이기 위해서 키워드 검색 후 앱 클릭 및 내려받기를 한번씩 실행해 주는 것이 좋다. 가능하다면 주변 지인에게도 요청해야 한다. 키워드 검색 후 앱 클릭율 및 내려받기율(다운로드율)이 올라갈수록 검색 순위도 올라간다.

앱 검색 순위 상위 랭크 및 검색 빈도수를 높이는 것은 마케팅 비용을 투입하지 않고도 당신이 할 수 있는 최고의 마케팅 활동이다. 앱이 자주 검색되도록 하는 다음의 7가지 방법을 다시 한 번 숙지하기 바란다.

검색 빈도수를 높이는 7가지 팁

- 앱 이름을 소개하는 문구에 앱 이름 외 중요 키워드를 포함한다.

- 앱 이름을 정할 때 유명 앱 이름과 차이가 나야 한다.

- 앱 설명 내용에 키워드를 포함해 작성한다.

- 사용자 리뷰를 관리한다.

- APK의 사이즈를 작게 한다.

- 앱 내려받기 수준을 지속적으로 유지한다.

- 검색 키워드를 주기적으로 변경한다.

좋은 첫인상을 남겨라

MOT(Moment of Truth)에 대해서 들어본 적이 있는가? MOT이란 Moment of Truth의 약자로, '진실의 순간', 또는 '결정의 순간'을 뜻한다. '결정의 순간'이라는 의미는 고객과 만나는 순간에 기업이 어떻게 하느냐에 따라 많은 것이 결정되기 때문에 기업과 고객이 만나는 접점에서 고객을 사로잡아야 한다는 의미이다. 앱에서도 MOT가 중요하다. 앱이 사용자와 만나는 순간 접점에서 사용자에게 충분히 Appeal되지 않으면 내려받기 및 사용이 일어나지 않는다.

지금 당장 당신이 필요로 하는 기능을 키워드로 해서 앱을 검색해 봐라. '건강관리'라는 키워드로 앱을 검색해 보면 100개 이상의 앱이 나올 것이다. 사용자들은 이 중 어떤 앱을 선택해서 내려받을까? 아마 한눈에 어떤 앱인지 파악할 수 있고 매력적으로 보이는 앱을 내려받기 할 것이다. 앱의 첫인상에 따라 앱 내려받기가 결정되는 것이다. 다시 말하면 사용자와 앱이 만나는 순간에 앱 내려받기 여부가 결정된다고 할 수 있다.

'보기에 좋은 떡이 먹기에 좋다'라는 속담을 들어 본 적이 있을 것이다. 이 속담은 '첫인상'의 중요성에 관해 이야기하고 있다. PART 02에서 예를 든 음식점 선택의 과정에서 보았듯이 아무리 음식점의 서비스가 친절하고 맛이 좋다고 하더라도 음식점 외관이 들어가기가 꺼려질 정도로 지저분하거나, 또는 무슨 음식을 파는지 알 수가 없다면 선택을 하지 않는 것처럼, 앱이 소비자(사용자)와 만나는 순간에 소비자(사용자)에게 앱에 대한 좋은 인상을 주지 못한다면 앱은 선택받지 못하게 된다. 아무리 좋고 뛰어난 가치^{Value}를 제공한다고 하더라도, 사용자가 앱을 보고 느끼지 못한다면 내려받기로 이어지지 않는다.

좋은 인상이란 앱 내려받기 및 사용을 유도할 수 있도록 하는 앱의 인상, 즉 앱의 사용 가치^{Value}를 느낄 수 있도록 해 주는 앱의 모든 활동을 의미한다. 사용자에게 좋은 인상을 주기 위해서는 사용자가 어떤 과정을 거쳐 앱을 선택하고, 각 과정에서 앱을 판단하는 기준을 무엇인지 알아야 한다. 사용자가 앱을 선택할 때는 앞서 PART 03에서 설명했던 것처럼 아래의 7개 과정을 거치고, 이는 앱 확인, 앱 사용(체험), 앱 평가 등의 3단계로 요약된다(그림 참조).

앱 선택의 과정

❶ 앱에 대해 검색을 한다.

❷ 검색된 앱이 어떤 종류의 앱인지 살펴본다(검색 결과를 훑어본다).

❸ 앱에 대한 설명을 확인한다.

❹ 다른 사용자의 리뷰^{Review}를 확인한다.

❺ 앱을 내려받아 설치한다.

❻ 앱 UX / UI 등이 편리한지 살펴본다.

앱이 가져다주는 Value(효용)를 확인한다.

❼ 앱을 지속 이용하거나 삭제한다.

그림에서 보는 것처럼 사용자들은 앱 사용 이전에 먼저 어떤 종류의 앱인지, 앱이 자신에게 도움이 될 것인지를 미리 확인하는 '앱 확인' 절차를 거친다. 음식점을 이용하기 이전에 먼저 어떤 음식점인지, 어떤 종류의 음식을 파는지 등을 미리 확인해 보고 이용 여부에 대해서 판단하는 것과 마찬가지로, 앱 내려받기 이전에 사용자들은 앱의 사용 가치에 대해서 먼저 확인을 한다. 이와 같이 앱에 대해 확인해 보는 순간에 어떤 인상을 주느냐가 앱 내려받기 및 사용을 결정한다. 사용자들은 앱과 만나는 MOT 순간에 앱 이름을 훑어보고, 앱에 대한 설명 및 사용자의 리뷰Review 등을 확인해 본다.

앱 이름에서 앱의 가치를 보여 주어라

사용자가 앱 마켓에서 특정 키워드를 검색해서 다양한 앱을 살펴볼 때 제일 먼저 보게 되는 것이 다음 페이지의 사진에서 보는 것처럼 검색 결과 보이는 앱 아이콘과 앱 이름을 포함한 앱 설명 문구이다.

사용자들은 앱 아이콘과 앱 이름을 포함한 앱 설명 문구를 보고 앱 클릭 여부, 더 나아가 앱 내려받기 여부를 결정한다. 앱 설명 문구가 사용자의 관심과 흥미를 끌지 못하다면, 사용자는 그냥 지나쳐 버리게 된다. 앱을 설명하는 이 한 문장의 구성을 어떻게 하느냐에 따라 앱의 내려받기가 결정된다고 생각하면 된다.

구글 플레이 스토어 '라이프' 앱 소개 화면

앱이 사용자와 처음 만나는 첫 화면에서 앱의 특성, 앱 사용 가치가 무엇인지 암시를 줄 수 있어야 한다. 앱 이름과 개발자만 보이고 어떤 효용을 줄 수 있는지 파악할 수 없다면, 사용자는 앱을 내려받기 위해 시간을 소비하지 않을 것이다.

따라서 사용자가 엽 검색 결과를 살펴볼 때 앱 이름을 포함한 앱 설명 문구가 사용자의 관심과 흥미를 끌 수 있어야 하며, 이를 위해서는 앱 설명 문구가 반드시 다음의 사항을 지켜야 한다.

• 앱이 제공하는 가치Value 또는 앱을 통해 해결하고자 하는 문제에 관한 내용을 포함해야 한다

• 앱을 설명하는 문구를 지속적으로 업데이트^{Update}해야 한다.

앱 설명 문구가 지켜야 할 두 가지 사항의 구체적 내용에 대해서는 실행방안 01에서 설명하였다.

사용자 관점으로 앱을 설명하라

사람들은 누군가를 만났을 때 매우 짧은 시간에 상대방에 관해 결정을 한다고 한다. 미국 펜실베이니아대 심리학과 잉그리드 올슨(Ingrid Olson) 교수의 연구에 따르면 0.13초 안에 상대방에 대한 호감을 판단한다고 한다. 또 다른 연구에 의하면 0.13초보다 더 짧은 시간에 상대방에 대한 첫 인상을 판단할 수도 있다고 한다. 0.13초든 아니면 더 짧은 시간이든 시간이 중요한 것이 아니고, 중요한 것을 매우 짧은 시간에 상대방에 대한 호감을 결정한다는 것이다.

아주 짧은 순간에 호감 여부를 판단하는 것처럼, 사용자는 앱을 소개하는 내용을 잠깐 보고 내려받기 여부를 결정한다. 따라서 앱에 대한 설명은 사용자가 한눈에 파악할 수 있고, 이해하기 쉽도록 사용자의 관점에서 작성되어야 한다. 아무리 좋은 가치를 제공한다고 하더라도 사용자가 이해하지 못한다면 앱을 결코 내려받지 않는다. 사용자는 앱 하나를 내려받기 위해서 많은 시간을 소비하지 않기 때문에 앱에 대한 설명을 간략히 보고 바로 내려받기 여부를 결정한다. 따라서 앱에 대한 설명이 사용자의 눈길을 한번에 사로잡지 못하면 내려받기를 기대할 수 없다.

웹사이트는 3초 안에 고객에게 승부를 겨뤄야 한다는 말이 있다. 모바일도 이와 마찬가지로 3초 안에 사용자에게 설명하지 못하면 내려받기를 유도하지 못한다. 그럼 어떻게 해야 3초 안에 사용자의 눈과 마음을 사로잡을 수 있을까? 3초 안에 소비자(사용자)를 사로잡아 앱을 내려받기할 수 있도록 하기 위해서는 다음의 사항을 지켜야 한다.

- 앱이 해결하고자 하는 소비자(사용자)의 니즈Needs 또는 Pain-points(불편함) 등을 언급해야 한다.
- 소비자가 쉽게 알아볼 수 있도록 글씨와 스크린 샷은 크게 해야 한다.
- 사용자 리뷰Review를 관리해야 한다.

첫째, 앱에 대한 설명을 작성할 때는 반드시 앱을 통해 해결해 주고자 하는 소비자(사용자)의 Pain points(불편함) 또는 소비자의 니즈Needs가 포함되도록 해야 한다. 사용자는 자신이 처한 상황과 비슷한 상황이 펼쳐졌을 때 쉽게 공감하고 감정이입을 시키는 경우가 많다. 당신이 특정 상품을 사기 위해 마트 또는 백화점에서 제품을 둘러보고 있는 중이라고 생각해 보자. 매장에서 판매원이 당신에게 상품에 관해 설명하면서, 당신이 평소에 느끼고 있었던 불편사항 또는 당신의 니즈에 대해 언급한다면 금방 귀가 솔깃해진다. 예를 들어, 마트에서 음식재료를 판매하는 판매원의 이야기를 들어보면 '아이가 좋아한다,' '남편 술안주로 좋다' 등의 이야기를 많이 하는 것을 알 수 있다. 아이를 키우고 있는 부모 입장에서 아이들이 좋아한다고 하면 일단 관심을 두게 되는 것이 당연하기 때문이다. 이와 마찬가지로 앱에 대한 설명에 앱을 통해 해결해 줄 수 있는 사용자가 겪고 있는 문제(불편사항) 또는 충족되지 않은 사항에 관한 내용이 포함되어 있을 때, 사용자의 관심을 끌 수 있게 된다.

아래의 사진은 앞서 언급한 '언니의파우치' 앱의 앱 설명 내용이다. 앱에 대한 설명 내용을 살펴보면 사용자들이 충분히 공감할 수 있는 내용이 들어가 있어 사용자의 관심을 충분히 끌고 있다. '솔직한 후기', '세일 정보', '실용적인 뷰티 팁' 등이 사용자들이 뷰티에 대한 정보를 구할 때 겪는 불편함 또는 충족되지 않는 니즈[Needs]와 연관되어 있다. 또한, 스크린 샷은 깔끔하고, 글씨도 커서 주목도가 높아 소비자(사용자)의 흥미를 충분히 끌고 있는 것처럼 보인다.

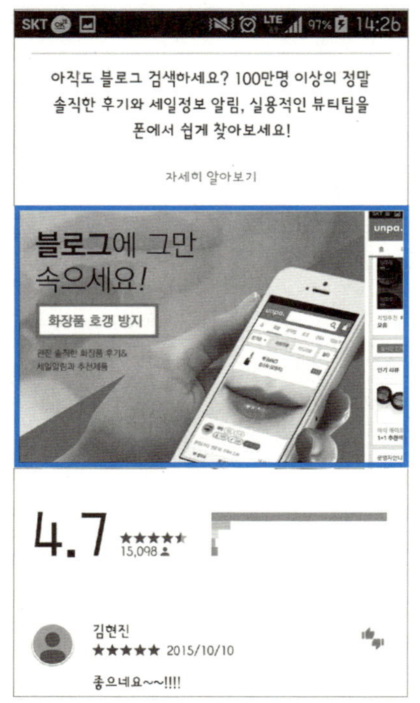

『언니의파우치』 앱의 설명 문구

둘째, 사용자의 시선을 끌 수 있도록 스크린 샷은 크게 해야 한다. 스크린 샷이란 왼쪽 사진(파란 Box)과 같이 앱 클릭 후 보이는 설치 화면 중간에 보이는 사진 또는 그림으로 앱에 관해 설명하는 화면을 말한다. 스크린 샷의 글씨가 너무 작아 알아볼 수 없다면 사용자의 흥미를 떨어뜨린다. 모바일 화면 크기가 보통 5인치인 점을 명심하고, 최대한 사용자의 눈에 잘 띄도록 스크린 샷을 조절해야 한다. 앱 마켓에는 보통 스크린 샷을 3~4개를 올릴 수 있기 때문에, 첫 번째 스크린 샷은 사용자의 관심을 확 끌 수 있도록 큰 글씨로 주목도를 높이는 게 필요하며, 앱의 UX 등을 보여 줄 수 있는 앱 사용화면은 두 번째 스크린 샷부터 나올 수 있도록 하는 것이 좋다.

셋째, 대부분 앱 개발자 및 마케팅 담당자가 간과하기 쉬운 부분으로 사용자 리뷰Review에 대한 관리이다. 사용자는 앱을 내려받기 전에 자신에게 도움이 될지 파악하기 위해 한 번쯤은 사용자 리뷰를 보게 된다. 온라인 쇼핑몰에서 제품을 구매할 때 사용자 리뷰를 보는 것과 마찬가지이다. 사용자들은 리뷰에 앱을 칭찬하는 내용이 작성되어 있다고 해서 곧바로 내려받지는 않지만, 반대로 부정적인 내용이 있을 때는 앱을 내려받지 않는다는 점을 유념해야 한다. 다시 말하면, 사용자 리뷰는 앱 내려받기를 유도하지는 않지만, 앱 내려받기에 가장 큰 장애물이 될 수 있다. 따라서 사용자 리뷰 중 부정적인 내용은 없는지, 미해결된 사용자의 불만은 없는지 항상 확인하고 조치를 빨리 취해야 한다.

사용자가 앱을 처음 만나는 순간에 어떤 인상을 주느냐가 중요하다. 사용자가 앱과 만나는 결정의 순간(MOT)에 사용자의 관심과 흥미를 끌 수 있는 좋은 인상. 즉 앱 사용 가치Value를 느낄 수 있도록 해주어야 앱 내려받기 및 사용을 유도할 수 있다.

사용자가 앱과 만나는 MOT 순간에 좋은 인상을 주기 위해서 반드시 지켜야 할 사항은 다음과 같이 정리할 수 있다. 반드시 숙지하여 앱 업로드 시 반영하기 바란다.

좋은 인상을 주기 위한 포인트

- **앱 이름을 포함한 설명 문구에서 앱의 Value를 보여 주어야 한다.**

  ☑ 검색 후 보이는 앱 설명 문구는 앱이 제공하는 가치 또는 앱을 통해 해결하고자 하는 문제에 관한 내용을 포함해야 한다.

  ☑ 앱을 설명하는 문구를 지속적으로 업데이트해야 한다.

- **사용자 관점으로 앱을 설명하라.**

  ☑ 앱이 해결하고자 하는 소비자(사용자)의 Needs 또는 Pain points(불편함) 등에 대해서 언급해야 한다.

  ☑ 소비자들이 쉽게 알아볼 수 있도록 글씨와 스크린 샷은 크게 작성해야 한다.

  ☑ 사용자 리뷰를 관리해야 한다.

네트워크 효과를 이용하라

'Peer Pressure'(주위의 압력)라는 말을 들어본 적이 있는가? 'Peer Pressure'란 주변 사람 또는 비슷한 또래의 사람들이 하면 자신도 해야 한다고 느끼는 심리적 압박이다. 주변 사람이란 직장 동료, 친구 등 자주 얼굴을 보는 사람을 뜻하고, 비슷한 또래의 사람이란 자기와는 일면식도 없지만 같은 연령대의 사람 또는 비슷한 계층의 사람을 의미한다. '주변의 사람들이 사용(구매)하기 때문에, 유행에 뒤처지지 않기 위해서 나도 사용(구매)해야 한다'는 것이 'Peer Pressure'의 주요 내용이다. 앱 마케팅에 이러한 'Peer Pressure'를 적절히 활용할 수 있어야 한다.

앱을 내려받고 사용해 보는 데는 별도의 비용이나 노력이 들지 않는다. 따라서 주변 지인이나 친구들이 사용하거나 이야기해 주는 앱에 대해서는 부담 없이 내려받아 사용해 본다. 그뿐만 아니라 주변 지인이나 친구들이 사용하고 있어서 앱이 그다지 마음에 들지 않더라도 어쩔 수 없이 사용하고 있는 경우도 종종 있다. 이러한 심리를 이용해서 주변 지인 또는 친구들, 즉 네트워크^{Network}를 활용한 마케팅을 통해 앱 내려받기 및 사용을 유도할 수 있다. 앱 사용자의 네트워크를 충분히 활용하면 많은 마케팅 비용 투입 없이도 충분히 당신이 원하는 소기의 목적을 달성할 수 있다.

네트워크 효과

지금부터 당신에게 놀라운 이야기를 하나 하도록 하겠다. '뭐야이번호' 앱에 대해 알고 있는가? 스팸 번호를 걸러주는 앱 '뭐야이번호'는 앱 사용자들의 네트워크를 활용하여 짧은 시간에 마케팅 성공을 거둔 앱이다. '뭐

야이번호’ 앱이 어떤 방법을 활용해서 마케팅을 진행했는지 알아보도록
하자. ‘뭐야이번호’ 앱은 2014년 iOS 버전을 출시하면서 출시 당일에 바로
앱 스토어에서 무료 앱 1위에 오르는 놀라운 결과를 보여주었다. 더 놀라
운 사실은 ‘뭐야이번호’에서 시행한 것이라고는 앱에 공지사항을 띄우고
언론사에 보도자료를 내보내는 것이 전부였다.

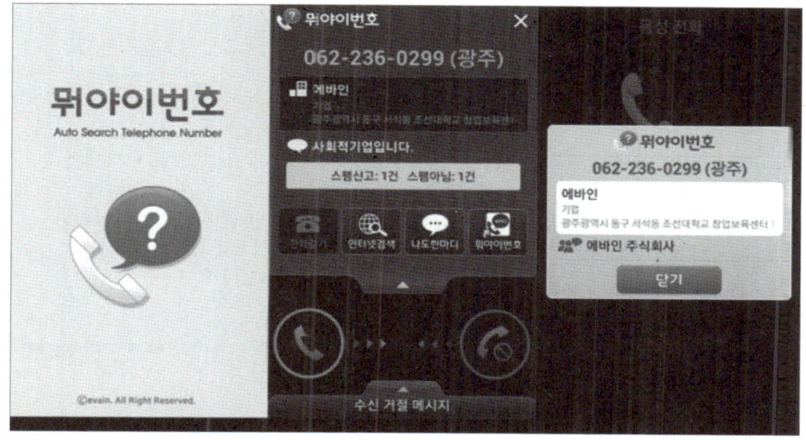

「뭐야이번호」 앱의 사용 호면

어떻게 이런 일이 가능할까? 다른 앱들처럼 TV 광고를 진행한 것도 아
니고, CPI를 통해 앱 내려받기 마케팅도 하지 않았고, 앱 공지사항 외에는
마케팅 활동을 하지 않았는데도 말이다.

‘뭐야이번호’ 앱이 별다른 마케팅 활동 없이 무료 앱 순위 1위에 올라설
수 있었던 이유는 ‘사용자의 네트워크를 통한 구전 효과‘에 있었고 이는
TV 광고와 맞먹는 효과를 나타냈다고 할 수 있다.

스타트업 미디어인 비석세스(beSUCCESS)에 게재된 ‘뭐야이번호’의 성

공 비결을 보면 네트워크를 활용한 구전 효과에 있다는 것이다. 상세한 내용을 보려면 다음의 주소를 참조하면 된다(http://kr.besuccess.com/2014/07/evain/). 그들이 밝힌 성공 비결을 보면 대략 다음과 같다.

"iOS 출시 전 안드로이드 버전 내려받기 500만 명을 보유하고 있으니, 안드로이드 사용자 기준으로 앱에서 공지사항을 띄우면 메시지가 도달 가능한 최대 도달 범위는 500만 명이고, 도달률은 30%이다. 그러면 공지사항 내용을 확인한 사용자는 150만 명이 된다. 여기에 구전 비율, 즉 공지사항을 확인한 사용자가 주변에 iOS 버전의 출시에 대해 알릴 확률을 10%로 감안하여 곱하고, 그리고 마지막으로 iOS 버전의 출시에 대해 전달받은 아이폰 사용자들이 실제로 앱을 내려받을 확률 10%를 감안하면 총 1.5만의 내려받기가 발생한다. 1.5만을 광고 효과로 보면 된다."

'뭐야이번호'에서 밝힌 대로 앱 사용자의 네트워크를 충분히 활용하면 어떤 마케팅 방법보다 좋은 효과를 얻을 수 있다. 물론, '뭐야이번호'는 iOS 버전의 출시에 대해 공지를 할 수 있는 안드로이드 앱 사용자 500만 명이 있었기 때문에 가능했을 수도 있다.

만약 네트워크를 활용할 기존 사용자들이 없다면 어떻게 해야 하나? 복잡하게 생각할 필요가 없다. 간단하게 생각하면 된다. 네트워크를 활용할 수 있는 사용자를 보유한 앱을 찾아서 이용하면 된다. 최근 들어서 앱 간의 상호협력을 통한 마케팅 활동이 많이 이루어지고 있으므로, Co-Marketing을 실행하여 사용자 네트워크를 활용한 마케팅을 추진하면 된다.

Co-Marketing

Co-Marketing을 추진할 때는 다음의 사항을 주의해서 진행해야 한다. Co-Marketing을 추진할 앱을 선택할 때 사용자 네트워크의 파급효과를 신중하게 고려해야 한다. 사용자 네트워크의 파급효과를 고려하여 앱을 통한 마케팅 메시지가 도달하는 범위, 즉 Co-Marketing 앱의 월간 사용자 규모는 어느 정도이고, 실제 도달률 및 반응률은 얼마나 되는지 등에 대해 확인해 봐야 한다. 이를 정리해 보면 다음과 같다.

> 광고 효과 = 도달 범위(월간 이용자 수) × 도달률 (메시지 노출률) × 구전율 (반응비율) × 내려받기 확률

두 번째로 Co-Marketing을 추진할 앱은 구전 효과를 일으킬 수 있을 정도로 매력적이어야 한다. 앱 내려받기 및 설치에 별다른 비용이 들지 않기 때문에 주변 지인 또는 친구들에게 쉽게 추천이 가능하고 또 주변에서 추천하는 앱에 대해서는 비교적 쉽게 내려받기 및 설치, 사용을 해 본다고는 하지만, 앱 사용자들 스스로 주변 지인이나 친구들에게 공유할 수 있을 정도로 앱 사용 가치^{Value}가 있어야 한다. 당신이 특정 앱을 주변 지인 또는 친구들에게 추천해 준다고 가정해 보자. 특정 앱 사용에 대한 권유를 아무렇게 할 수 있는가? 그렇지 않을 것이다. 자신이 먼저 사용해 보고 앱 사용에 대해서 긍정적 사용 경험을 얻었을 때 주변 지인들에게도 추천할 수 있을 것이다. 따라서 사용자 네트워크를 활용하기 전에 우선적으로 앱이 다음의 조건을 만족하게 하고 있는지 확인해 보기 바란다.

여기서 주의해야 할 사항은 앱 추천 후 얻게 되는 혜택으로 금전적·물질적 혜택보다는 감정적 혜택을 느낄 수 있도록 해주는 방법이 앱 추천을 높일 수 있다는 점이다. 앱 사용 권유를 통해 지인이나 친구가 겪고 있는 어려움이나 괴로움을 해결해 주었을 경우 또는 지인이나 친구로부터 추천에 대한 감사의 말을 듣는 경우 등 도움을 주었다는 기쁨을 느낄 수 있을 때 추천인의 감정적 혜택은 극대화된다. 따라서 앱 사용자들에게 추천을 권유하는 마케팅 활동을 할 때 메시지를 적절히 활용하여 앱 사용자들이 상기와 같은 느낌이 들게 해 줄 수 있도록 하는 것이 좋다.

■핵심 포인트

기존 사용자의 주변 지인, 친구 등 네트워크를 활용할 경우 많은 마케팅 비용의 투입 없이도 충분한 마케팅 효과를 볼 수 있다. 앱을 내려받고 사용해 보는 데 금전적·심리적 비용이 들지 않기 때문에 주변 지인이나 친구들이 사용하거나 추천해 주는 앱에 대해서는 부담 없이 내려받기 및 사용을 한다. 따라서 사용자 네트워크를 활용한 마케팅을 추진하는 것이 필요하며, 만약 네트워크로 활용 가능한 기존 사용자들이 없다면 다른 앱과 Co-Marketing을 통해 협력 앱의 사용자 네트워크를 활용하면 된다.

Co-Marketing 추진 시 주의사항

- 사용자 네트워크의 파급효과를 고려해야 한다. 마케팅 메시지가 도달하는 범위(월간 이용자 수), 실제 도달률 및 반응률을 확인하여 Co-Marketing을 추진하는 것이 좋다.

- 앱이 구전 효과를 일으킬 수 있을 정도로 매력적인지 확인해야 하고, 구전에 대한 보상 혜택을 제공하는 것이 좋다.

- 보상으로는 금전적 혜택 외에 지인에게 도움을 주었다는 감정적 혜택을 제공하는 것도 고려할 필요가 있다.

앱 사용 경험과
마케팅 메시지를
일치시켜라

아래의 사진을 보고 기억나는 앱이 있는가? 또는 'I'm not stupid',

'Yappie, 국민알
바' 메시지를 기
억하는가?

두 가지 메시
지 모두 O2O 플
랫폼을 지향하는
'YAP'에서 지난

『YAP』의 TV 광고 화면

2014년 4월부터 진행했던 TV 광고가 전달하는 메시지다. 당신이 만약 기억을 못 한다면 TV를 별로 보지 않았거나 'YAP'이 마케팅 활동을 제대로 못 했다는 이야기이다.

'YAP'은 그해 5월 17일 'I'm not stupid'라는 티저 광고를 시작으로 6월에는 국민알바 100명 대모집 TV광고를 시행했다. 앱은 6월 30일 정식으로 출시했고, 출시 이후에도 지속적으로 TV 광고를 했을 뿐만 아니라 음악, 춤, 행진, 영화 등을 소재로 한 거리 퍼포먼스등 20~30대 대학생과 격장인을 대상으로한 마케팅도 시행하였다. 이외에도 버스 래핑^{Wrapping} 광고, 자라섬 불꽃축제, 1+1 커피 제공 프로모션 등 TV 광고부터 온라인 프로모션, 오프라인 프로모션까지 처음 론칭하는 앱을 알리기 위해 다각도로 마케팅 활동을 진행하였다. 이러한 마케팅 활동을 2014년 말까지 지속적으로 시행하였다. 마케팅 비용을 정확히 알 수는 없지만, 대략 이 정도의 마케팅 활동은 일반적으로 대기업에서나 할 수 있는 규모임은 틀림없다.

이런 대규모 마케팅 활동의 결과는 어떠했을까? 비용을 쏟아부은 만큼 엄청난 효과를 거두었으리라 생각하는 것은 당연하다. 랭키닷컴 기준으로 'YAP'을 실행하는 월 이용자는 2014년 7월에 63만 명, 10월에 115만 명을 정점으로 2015년 7월에 16만8천 명으로 하락하였다. 'YAP' 런칭 후 1년이 지난 시점에 월 이용자 수가 16만8천 명이라는 것은 무엇을 의미하는지 생각해 볼 필요가 있다. 도대체 2014년 10월 115만 명을 기록하고 그 이후에 어떤 일이 벌어졌을까?

'YAP'은 런칭 전부터 티저 광고를 통해 소비자의 궁금증을 유발하였고, 바이럴^{Viral}를 불러일으킬 정도로 초기 마케팅은 효과적으로 진행되었다. 런칭 직후인 2014년 7월 월 이용자 수가 63만 명인 것만 보아도 초기 마케팅 활동은 나쁘지 않았던 것으로 평가할 수 있다. 월간 이용자 수가 63만 명이니, 실제로 앱을 내려받았던 사람은 더 되었을 것으로 추측된다. 앱 내려받기 시 '1+1 커피' 제공, 런칭 광고, Viral 마케팅, 거리 퍼포먼스 등 다양한 마케팅 활동이 효과적으로 작용하여 초기 이용자 증가에 긍정적 영향을 미쳤던 것으로 판단된다. 초기 마케팅이 성공적이었다면, 어떤 원인 때문에 그 이후에 사용자가 줄어들었을까?

'YAP'은 초기 마케팅을 통해 유입된 사용자들이 계속 이용할 수 있도록 하는 충분한 이유를 제공해 주지 못했기 때문에 초기 마케팅 활동이 지속적인 사용으로 이어지지 못했다고 볼 수 있다. 사용자의 호기심, 프로모션 등의 마케팅 활동 효과로 2014년 7월 런칭 후 10월까지 월간 이용자가 지속적으로 증가했지만 마케팅 활동의 효과는 딱 거기까지였다. 결과적으로 'YAP'이 시행했던 대규모 마케팅 활동의 효과는 겨우 3개월 정도였다.

TV 광고를 보거나 길거리에서 진행된 프로모션 등을 보고 그 앱을 인지하고 이를 내려받아 경험해 보는 과정까지는 별다른 어려움 없이 이루어졌지만, 가장 중요한 앱 재사용 또는 지속 사용으로는 이어지지 못했다. 사용자들은 마케팅 활동을 보고 'YAP'에 대해 일정 수준의 기대를 갖게 되었지만 앱 사용으로부터 기대했던 것들을 충족받지 못한 것이다.

사용자들이 'YAP'에 대해 가졌던 기대사항에 대해 좀 더 살펴보자. 'YAP'이 광고 및 프로모션 등을 통해 사용자에게 전달한 'YAP'의 가치는 '현명한 소비 플랫폼'이었고, 사용자들이 '현명한 소비 플랫폼'이라는 메시지를 통해 'YAP'에 대해 갖게 된 기대 가치는 '상품을 저렴하게 구매할 수 있거나, 합리적으로 구매할 수 있도록 도와주는 것'인 반면 사용자들이 'YAP'을 사용 후 얻게 된 실제 가치는 '식음료 중심의 할인 쿠폰'이었다.

'YAP'이 내건 슬로건, 즉 소비자에게 전달한 메시지는 '현명한 소비 플랫폼'이다. 당신은 '현명한 소비 플랫폼'이란 말을 들었을 때, 어떤 기대를 하게 되는가? 현명하다는 의미는 꼭 '저렴하게 소비한다'는 의미가 아니라, '합리적으로 좋은 제품을 소비했다'는 의미다. 그런데 사용자들이 막상 앱을 실행해 보면 온통 할인 쿠폰밖에 보이지 않았으며, 특히 편의점 쿠폰이 많았다. 할인 쿠폰은 'YAP' 외에도 브랜드 홈페이지, 국민쿠폰 등을 통해서 충분히 얻을 수 있기 때문에, 사용자 입장에서는 'YAP'만이 제공해주는 혜택으로는 인지하기 어려웠다.

결국 '현명한 소비'라는 메시지를 통해 사용자들이 기대하는 것은 '합리적으로 잘 선택할 수 있게 도움을 받는 것, 가격의 고가 여부를 떠나서 가격 값을 하는 제품을 소비할 수 있도록 도움을 받는 것'이었지만, 'YAP

은 오로지 가격적인 측면에서만 고려하여 쿠폰, 그것도 인지도가 있는 상품의 할인 쿠폰이 아니라 주로 F&B 위주의 쿠폰만을 제공하였다.

그래서 사용자들이 'YAP'에 대해 기대하는 수준을 충족시켜 줄 수 없었다. 점차적으로 쿠폰 외에도 사용자의 합리적 소비를 지원할 수 있는 멤버십 카드, 스탬프 등 다양한 서비스 등을 도입하였지만, 한 번 실망해서 떠난 고객은 다시 돌아오지 않기 때문에 지속 사용하는 사용자 수는 점차로 줄어들 수밖에 없게 되었다. 조금 런칭을 늦추더라도 쿠폰 외에 다른 서비스까지 충분히 준비해서 런칭했거나 초창기에는 베타 서비스로 TV 광고 등의 시행 없이 주변 확산 및 소극적 마케팅 활동을 통해 사용자를 확보하고 나서, 대규모의 마케팅 활동을 했다면 지금보다 더 많은 사용자를 유지할 수 있었을 것이다.

기대 가치 VS 실제 가치

사용자들은 마케팅을 통해 전달되는 메시지나 이미지를 통해 앱에 대해 일정 수준의 기대를 하게 되고, 앱을 사용하면서 앱에 대해 갖는 기대치의 충족 여부를 평가한다. 앱을 사용했을 때, 앱에 대해 가지고 있던 기대치보다 낮은 사용 경험을 하게 된다면, 앱에 대해 실망하게 되어 점점 그 앱 사용을 줄여나가거나 사용을 꺼리게 되지만, 반대로 기대치를 충족시키거나 또는 기대치를 충족시키지 못하더라도 사용자가 허용할 수 있는 범위 내라고 한다면 지속적으로 사용하게 된다.

당신들 중에는 인테리어가 잘 되어 있고, 보기에도 깔끔하며 개점 기넘으로 할인 혜택까지 제공하는 식당을 이용한 경험이 한 번쯤은 있을 것이다. 그런 식당을 이용할 때 어떤 생각을 하게 되는가? 아마 음식이 나오기 전까지는 '음식이 괜찮겠지, 맛있겠지'라는 일정 수준 이상으로 음식맛에 대한 기대를 하게 된다. 요리에 자신이 없으면 음식점을 개점하지 않았을 것이라는 생각 때문에 음식이 맛있을 것이라고 기대한다. 그런데 막상 음식 맛을 보았을 때 당신의 기대에 못 미치는 맛이었다면 어떻게 할 것인가? 아마 다시는 그 식당을 이용하지 않을 것이다. 더 나아가 주변 지인들에게도 그 식당을 이용하지 말라고 권유할 것이다.

앱 사용에 있어서도 마찬가지이다. 앱 사용 후 사용자의 경험(또는 가치)이 마케팅을 통해 형성된 일정 수준 이상의 기대를 충족시켜 주지 못하면 앱 사용이 지속적으로 이어지지는 않는다. 아무리 효율적이고 효과적인 마케팅 활동이라고 하더라도, 상품이나 앱 등이 제공하는 가치^{Value}가 뒷받침되지 않는 마케팅 효과는 지속될 수 없다. 오히려 역효과를 낼 수 있다.

따라서 앱의 지속적 사용이 이루어지려면, 다음의 수식에서 보듯이 앱 사용 후 사용자가 느끼는 실제 가치가 앱에 대해 사용자가 갖는 기대 가치보다 크거나 같거나 또는 실제 가치와 기대 가치 사이에 갭^{GAP}이 존재하더라도 사용자가 허용할 수 있는 범위 내에 존재해야 한다. 여기서 허용할 수 있는 범위란 사용자가 참고 견딜 수 있는 수준을 말한다.

앱 지속적 사용 = 실제 가치 ≧ 기대 가치 또는 기대 수준
또는
기대 가치와 실제 가치 차이 ≧ 허용 범위

앱 사용 후 사용자가 느끼는 실제 가치가 기대 가치 또는 기대 수준과 동일하거나 또는 실제 가치를 더 크게 느낄 수 있게 하는 방법은 다음과 같다.

첫째, 마케팅 활동을 통해 사용자에게 전달하는 마케팅 메시지와 사용자가 앱을 실제 사용 후 느끼는 사용 경험이 일치하도록 해 주어야 한다.

둘째, 앱에 대해 사용자가 갖는 기대 가치를 낮게 설정하도록 해 주면 된다. 사용자로 하여금 기대 가치를 낮게 설정하도록 하는 방법은 이론상으로 가능하지만 실제로 실행해서는 안 되는 방법이다. 사용자가 앱에 대한 노출을 접하고 앱에 대해 갖게 되는 기대 가치가 작으면, 앱을 내려받고 사용할 확률이 매우 낮을 수 있다. 앱 사용을 통해 얻을 수 있는 기대 가치가 작기 때문에 앱을 내려받을 이유가 없게 된다.

결국 사용자가 앱 사용 후 느끼는 사용 경험과 마케팅 메시지가 동일하도록 해 주는 것이 앱 사용을 지속적으로 유지 할 수 있는 유일한 방법이 된다.

그리고 앱 사용 후 느끼는 실제 가치가 앱에 대한 기대 가치 또는 기대 수준보다 낮다고 하더라도 앱 사용 경험을 지속 사용으로 연결해 줄 수 있는 또 다른 방법은 실제 가치와 기대 가치 또는 기대 수준의 갭Gap이 사용자가 참고 견딜 만한 수준이면 된다. 예를 들어 음식 가격이 엄청 싸다고 한다면 어느 정도 음식 맛이 떨어지더라도 이용하게 될 것이다. 이와 마찬가지로 실제 가치가 기대 가치보다 낮지만 그 갭이 크지 않다거나, 또는 그 갭을 상쇄할 만한 혜택을 얻을 때에는 지속 사용이 가능해진다. 그러나 사용자가 참고 견딜 수 있는 수준이라는 것은 사용자마다 다르기 때문에 일률적으로 적용하기는 어렵다. 따라서 여기서는 기대 가치와 실제 가치를 동일하게 맞출 방법에 대해서만 설명을 하도록 하겠다.

기대 가치 = 실제 가치

어떻게 해야 기대 가치와 앱 사용으로 얻는 사용 경험을 동일하게 맞추어 줄 수 있을까? 어렵지 않다. 사용자가 앱에 대해 기대하는 가치는 그들에게 전달되는 마케팅 메시지를 통해서 형성된다. 예를 들어, 자동으로 메일을 정리해 주는 '메일박스'와 같은 앱을 마케팅한다고 가정해 보자. 어떤 메시지를 전달하는 것이 효과적일까? 아마 '자동으로 메일을 분리하고 정리해 주는 앱'이 가장 효율적인 메시지일 것이다. '자동으로 메일을 분류하고 정리해 주는 앱'이라는 마케팅 메시지를 통해 사용자들은 '메일 자동 분류 및 정리'에 대한 기대를 갖게 된다.

앱 사용 후 실제로 메일이 자동 분류되고 정리된다면 앱을 지속적으로 사용하게 되지만, 그렇지 않을 경우 메일을 수동으로 분류해야 한다면 앱 사용을 중단하게 된다. 따라서 앱이 실제로 소비자에게 전달하는 가치를 기반으로 해서 마케팅 메시지를 만드는 것이 가장 좋은 방법이다. 마케팅 메시지를 만드는 방법에 대해서는 PART 02에 자세히 설명되어 있으므로 참고하기 바란다.

앱이 제공할 수 없는 기능이나 가치^{Value} 등을 포장해서 사용자에게 전달해서는 안 된다. 가끔 과대 포장되어 전달되는 마케팅 메시지가 보이는데 그런 마케팅 메시지는 결코 지속될 수 없다. 과대 포장된 메시지를 전달하는 업체는 사업을 오래 유지하지 못하므로 지속적으로 그런 마케팅 메시지를 시행할 수 없기 때문이다. 앱이 제공할 수 없는 것들을 포장해서 메시지를 전달하면 단기간에 앱 내려받기 및 사용자를 모을 수는 있겠지만, 그렇게 모인 사용자는 오래가지 못한다는 것을 알아야 한다.

마케팅 활동이란 소비자 또는 사용자를 대상으로 메시지를 전달해서 구매 또는 사용을 유도하는 활동이지, 절대로 없는 사실을 포장해서 전달하는 활동은 아니다. 따라서 앱이 제공 가능한 가치를 기반으로 한 마케팅 메시지를 전달해야 한다.

사용자들은 마케팅을 통해 전달되는 메시지나 이미지를 통해 앱에 대한 일정 수준의 기대를 하게 되고, 앱 사용을 통해 기대치의 충족 여부에 대해 평가를 하게 된다. 앱을 사용했을 때 앱에 대해 가지고 있던 종전의 기대치보다 낮은 경험을 하게 된다면 앱 사용을 중단하게 되지만, 반대로 기대치를 충족하견 지속적으로 사용하게 된다.

따라서 마케팅을 통해 전달하는 메시지와 실제 사용 경험이 일치하도록 해 주어야 한다. 앱에 대한 기대 가치를 아주 낮게 설정하는 방법을 사용할 경우 앱 내려받기 및 사용을 하지 않는 역효과가 나타날 수 있기 때문에 앱 사용 후 실제 느끼는 사용 경험과 마케팅 메시지가 동일하도록 해 주는 것이 앱 사용을 지속적으로 유지할 수 있는 가장 좋은 방법이다.

기대 가치와 앱 사용으로 얻는 사용 경험을 동일하게 맞추기 위해 앱이 실제로 소비자에게 전달하는 가치를 기반으로 마케팅 메시지를 만드는 것이 가장 바람직하다. 앱이 제공할 수 없는 기능, 가치Value 등을 포장해서 사용자에게 전달해서는 안 된다. 앱이 제공할 수 없는 것들을 포장해서 메시지를 전달하면 단기간에 앱 내려받기 및 사용자를 모을 수는 있겠지만, 그렇게 모인 사용자는 금방 떠난다.

긍정적인 사용자 경험을 제공하라

앱을 지속적으로 사용하도록 유도하기 위해서는 앱 사용을 통해 얻게 되는 가치^{Value}가 앱 사용을 의해 투입하는 시간, 비용, 노력 등의 Input보다 커야 하며, 앱 사용 가치는 앱을 통해 얻게 되는 혜택, 사용 편의성, 재미 등의 다양한 요소가 복합적으로 작용해서 나타나기 때문에 앱 사용 가치를 구성하는 요소 중 한 요소라도 (-)가 되지 않도록 주의해야 한다고 PART 03에서 설명하였다.

앱 사용 Value(가치) = 혜택 × 사용 편의성 × 요소1

앱 사용의 부정적 사용 경험은 앱 사용 가치를 전체적으로 (-)가 되도록 하기 때문에 앱을 사용할 때 부정적 사용 경험을 갖지 않도록 주의해야 한다. 여기서 사용 경험이란 앱을 사용하면서 느끼는 사용자의 감정, 기억, 느낌 등 앱을 사용하견서 얻게 되는 사용자의 감성적 경험을 의미한다. 좋은 사용 경험이 앱을 지속 사용하도록 하는 필수 요소는 아니다. 하지만 좋지 않은 사용 경험은 사용자가 앱을 떠나게 하는 충분 요소임을 잊지 말아야 한다.

사용하면서 좋은 감정, 기억, 느낌을 주는 경험은 과연 어떤 것을 달할까? 좋은 사용 경험에 대해서 검색을 해 보면 일반적으로 '간편한', '직관적인', '쉬운', '사용자 배려' 등 UX 관점에서의 좋은 사용 경험(Good UX)에 대해서 주로 말하고 있다(다음 페이지의 사진 참조).

좋은 사용 경험들

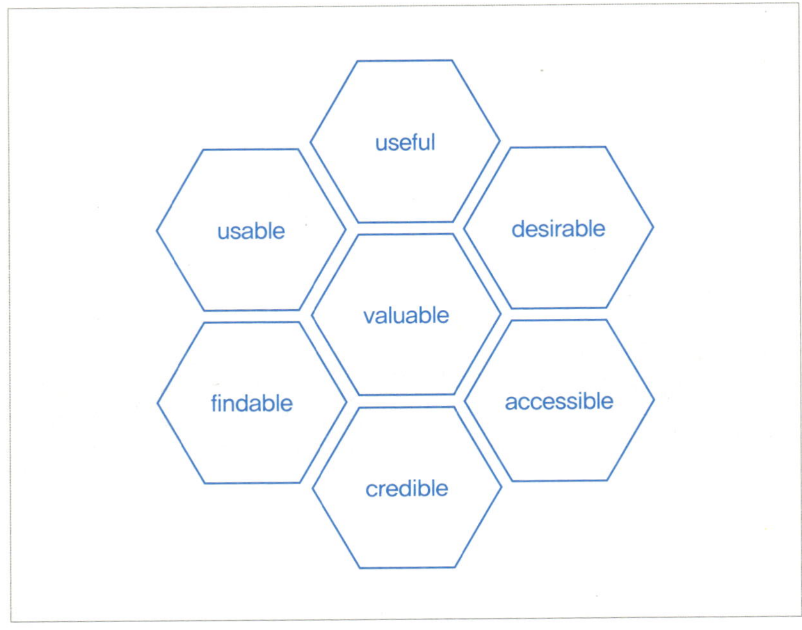

〈User Experience Honeycomb - 출처 : Semantic Studios, http://semanticstudios.com/user_experience_design/〉

앱 마케팅에서 말하고자 하는 좋은 사용 경험이란 UX Designer들에게 말하는 전문적이고 복잡한 이야기가 아니라, 사용자 관점에서 또는 마케팅을 하는 사람의 관점에서 본 사용자 경험을 말한다.

마케팅 관점에서 본 좋은 사용 경험이란 다음과 같다.

☑ 회원 가입이 필요하다면 가입 절차가 복잡하지 않는가? 전화번호 등을 통한 간편 인증인가?

☑ 앱의 첫인상이 깔끔한가?

☑ 앱 사용에 대한 별도의 설명 없이도 사용자가 처음부터 끝까지 사용할 수 있는가?

☑ 앱이 본질적인 경험 제공에 충실한가?

  – '간편한', '직관적인', '쉬운' 등에 너무 집착한 나머지 앱이 사용자에게 전달하고자 했던 가치를 전달하지 못하고 있지 않은가?

  – 처음부터 끝까지 사용(경험)해 보았을 때, 앱의 Value(가치), 앱이 주는 장점 등을 경험할 수 있는가?

각 항목에 대해서 좀 더 구체적을 알아보도록 하자.

첫째, 앱 사용을 위한 가입 절차 등 사용자들의 Entry Barrier를 최소화해야 한다. Entry Barrier란 업 사용을 위해 반드시 거쳐야 하는 앱 가입 등의 단계를 말한다. 회원 가입 절차 없이 앱을 사용할 수 있다면 사용자 입장에서는 가장 간편하고 좋다. 앱을 사용하기 위해서 이름, 전화번호, 심지어는 주소, 생년월일 등까지 입력해야 한다면 그것처럼 불편한 사항이 없다. 회원 절차가 복잡한 앱을 '누가 사용하려고 할 것인가'에 대해 생각해 봐야 한다.

앱의 특성상 또는 비즈니스 목적상 회원 가입이 반드시 필요하다면 간편 인증이 필요하다. 사용자에게 많은 개인 정보를 입력하라는 것보다 간단한 전화번호 또는 이메일 주소 입력만으로 회원 가입을 할 수 있도록 해 주어야 한다. 우리나라의 경우 대부분 온라인 기반 서비스들이 회원 가입을 때 복잡한 회원 인증 절차를 거치지만, 페이스북이나 트위터 등은 이메일 주소로만으로 회원 인증을 했던 것을 기억하는가? 정말 편리하게 회원 가입을 할 수 있어서 별생각 없이 이용할 수 있었던 기억이 있다. 회원 인증 절차가 복잡하면, 그만큼 회원으로 가입시킬 확률이 떨어진다는 것을 기억하자.

둘째, 앱은 사용하기가 쉬워야 한다. 제품 또는 PC에서 제공하는 서비스는 사용하는 방법을 설명할 시간적 여유가 있고 공간도 충분히 있다. 제품 설명서를 통해 설명할 수 있고, 온라인 기반 서비스는 별도의 공간을 마련해서 사용 방법을 설명할 수 있다. 조금은 복잡하더라도 사용자를 충분히 이해시킬 수 있고, 사용 방법을 설명할 수가 있다. 하지만 모바일은 사용 환경이 다르다. 보통 스마트폰 사용 화면은 5인치 내외이다. 5인치 화면으로는 모든 설명을 할 만한 공간이 나오지 않는다. 또한 모바일은 시간을 두고 차분하게 사용할 수 있는 환경이 아니다. 자투리 시간에, 아주 잠깐 사용하는 것이 모바일 사용 특징이다.

모바일에서는 상세 설명을 할 충분한 시간이 나오지 않는다. 따라서 아주 짧은 시간에 사용자가 그냥 한번 둘러봄으로써 앱에서 무엇을 할 수 있는지, 어떻게 사용해야 하는지를 파악할 수 있도록 해 주어야 한다. 그러기 위해서는 기본적으로 사용하기가 쉬워야 한다. 사용하기가 어렵거나 복잡하다면, 즉 한두 번에 사용법을 익히기 어렵다면 다음부터 사용할 확률은 50% 이상 떨어진다. 더 쉽고 간편하게 사용할 수 있는 앱이 많이 있으니까 말이다. 사용하기 쉽다는 것은 다시 말하지만 한 번 또는 두 번 정도 사용해보고 사용자가 이 앱이 무엇을 하는 앱인지, 어떻게 사용하는지 알 수 있다는 의미다. 당신의 앱이 사용하기 쉬운지 지인에게 확인해 보아라. 그들이 두 번 이내에 쉽게 사용할 수 있다면 사용하기 쉬운 앱이고, 그렇지 않을 경우 앱 사용 편의성 대해서 다시 한 번 확인해 보는 것이 좋다.

셋째, 앱은 본질적인 경험 제공에 충실해야 한다. 여기서 본질적인 경험이라는 것은 앱을 통해 사용자에게 전달하고자 하는, 즉 사용자에게 제공하고자 하는 가치를 의미한다. 당신이 앱을 통해 소비자에게 제공하고자 하는 가치에 맞는 사용 경험을 제공해야 한다. 앱이 보기에 아무리 세련되고 사용하기 쉽다고 하더라도 앱의 제공하고자 하는 가치가 정확히 전달되지 않는다면 의미가 없는 것이다.

예를 들어 만보기 앱을 살펴보자. 만보기가 소비자에게 전달하고자 하는 가치는 하루에 몇 걸음 걸었는지 파악하는 것, 걷는 것을 기반으로 한 건강관리, 또는 걷는 운등 유도 등 소비자에게 전달하고자 하는 가치가 다양할 수 있다. 다른 사용자와의 비교를 통해 사용자에게 운동을 지속적으로 할 수 있도록 동기를 제공하고자 개발된 앱이 간편성, 사용성 등을 이유로 걸음 수, 칼로리 소비량의 체크에만 중점을 두고, 업의 핵심가치인 다른 사용자와의 비교 및 전반적인 운동관리와 관련한 사용자의 사용 경험을 소홀히 하여, 다른 사용자와의 비교 및 운동관리 등을 PC와 연결을 통한 비교 등 복잡한 과정을 거쳐야 가능하다고 한다면 사용자의 입장에서 느끼는 사용 경험은 어떠하겠는가?

사용자에게 이 앱만이 제공하고자 하는 본질적인 경험인, 다른 사용자와의 비교 및 전반적인 운동관리에 있어서 부정적 사용 경험을 제공하게 된다. 이런 경우 다른 만보기 앱들과의 차이가 없을 뿐만 아니라 걸음 수, 칼로리 소비량 체크 등에서 다른 앱과 비교가 되며, 걸음 수나 칼로리 소비량 체크의 경험에 중점을 둔 앱 대비 사용 경험에서 뒤쳐질 수 있으며, 결국에는 앱의 사용으로까지 연결되지 못할 수도 있다.

따라서 다른 사용자와의 비교 또는 전반적인 운동관리를 차별적 가치 또는 본질적 가치로 생각하는 앱이라고 한다면, 다른 사용자와의 비교 및 전반적인 운동관리에 대해 앱에서 편리하게 보여주는 것이 필요하다. 만약 데이타의 복잡성, 다양한 비교 항목 등으로 인해 좁은 앱 화면으로 보여주는 것이 어렵거나 또는 사용자의 입장에서 복잡하다고 느낄 경우 두 번째 항목에서 이야기했던 것처럼 앱에서는 간략하게 정리된 내용을 보여주고 구체적인 비교 내용 및 상세 설명 등에 대해서는 PC를 통해 보여주는 것도 방법이다.

■ 핵심 포인트

앱 사용 가치^{Value}는 앱을 통해 얻게 되는 혜택, 사용 편의성, 재미 등의 다양한 요소가 복합적으로 작용해서 나타나며, 앱을 지속 사용하도록 하기 위해서는 앱 사용 가치가 (+)가 되어야 한다. 앱 사용 가치가 (+)가 되도록 하기 위해서는 앱 사용 경험이 부정적(-)가 되지 않도록 해야 한다. 앱 사용 경험이 부정적(-)가 되면 앱 사용 가치도 전체적으로 (-)가 되기 때문이다.

앱 사용 경험이란 앱을 사용하면서 느끼는 사용자의 감정, 기억, 느낌 등을 의미한다. 좋은 사용 경험을 제공해 주기 위해서는 다음의 사항을 체크해 보아야 한다.

- 가입 절차가 복잡하지 않은가?

- 앱 사용에 대한 별도의 설명 없이, 사용자가 처음부터 끝까지 사용할 수 있는가?

- 앱이 본질적인 경험(본질적인 가치)에 충실하는가?

계속해서 사용할 수 있는 이유를 제공하라

앱을 사용하기 위해 시간이나 비용 등의 노력이 필요하지 않기 때문에 사용자들은 쉽게 내려받기도 하지만 반대로 쉽게 사용을 중단하거나 다른 앱으로 갈아타기도 한다. 앱 사용을 위해 시간이나 비용, 노력 등의 투입도 필요하지 않고 비슷한 종류의 앱이 많기 때문에 굳이 고집스럽게 한 가지 앱을 계속해서 사용할 이유가 없다. 그럼, 앱을 지속적으로 사용하도록 하기 위해서는 어떻게 해야 할까?

앱을 지속적으로 사용하도록 하기 위해서는 사용자에게 앱을 사용할 이유를 제공해 주면 된다. 앱을 사용해야 할 이유란 앱 사용을 통해 충분한 가치Value를 느낄 수 있도록 해야 한다는 의미이다. 사용자가 앱 사용을 통해 가치를 느끼도록 하기 위해서는 앞서 PART 03에서 설명한 것처럼 앱 사용으로부터 얻게 되는 가치가 사용자가 앱 사용을 위해 들이는 시간, 비용, 노력 등 Input에 비해 더 크도록 해 주어야 한다.

앱 사용가치가 Input보다 높게 유지될 수 있도록 하기 위해서는 먼저 앱 사용가치가 무한정 지속되지 않는다는 사실을 알아야 한다. PART 03에서도 말했지만, 앱 사용가치에는 '한계효용 체감의 법칙'이 적용된다. 왼쪽 그림에서 보는 것처럼 앱 출시 초기(점 A)에

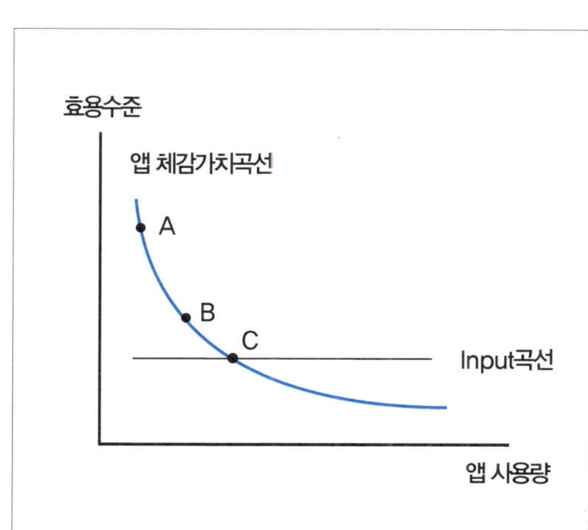

〈앱 체감가치곡선〉

는 사용자들이 앱 사용에 대해 가치(효용)를 느끼게 되지만, 앱을 사용할수록 사용자들이 느끼는 앱 사용 Value(점 B)는 감소하게 되고 결국 Input 대비 더 낮게 된다. 이 시점이 앱 사용을 중단하게 되는 시점이다. 그림에서 보이는 점 C가 여기에 해당하며, 점 C를 '앱 피로점'이라고 한다. 따라서 앱 사용 Value가 앱 피로점에 도달하기 전에 앱 사용 Value를 확장해야 한다. 앱 사용 Value를 확장한다는 말은 앱 사용 후 얻는 체감 Value를 높여준다는 의미이다.

앱 사용 Value 확장

다음의 사진은 어디서나 흔히 볼 수 있는 스탬프 사진이다. 당신의 지갑을 열어보면 사진과 같은 스탬프(도장)를 한 장 이상은 가지고 있을 것이다. 지갑에 가지고 있지 않다면 스마트폰에 가지고 있을 것이다. 최근 들어 O2O 관련 비즈니스가 활성화되면서 전자 스탬프 솔루션을 제공해주는 업체가 많이 생겼다. 스탬프란 커피숍, 식당, 빵집 등을 한 번 이용할 때마다 도장을 찍어주고, 도장이 특정 갯수 이상 모이면 한 번은 무료로 이용할 수 있도록 해 주는 마케팅 활동이다. 처음에는 커피 등의 식음료

'커피 스탬프 쿠폰'의 예

272

를 중심으로 시작하였지만, 지금은 업종 불문하고 여러 곳에서 활용되고 있다. 그만큼 소비자와 점주 모두 만족하고 활용을 잘하고 있는 마케팅 활동이다.

스탬프의 용도에 대해서 좀 더 알아보자. 당신이 주변에 있는 커피숍을 이용하고 사진과 같은 스탬프(이용 확인 도장)를 받았다고 가정해보자. 추후 커피숍 이용 시 어떤 커피숍을 이용하겠는가? '이용 확인 도장'이 있어 몇 번만 더 가면 무료로 한잔을 마실 수 있는 곳을 이용하게 될까? 아니면 새로운 가게에 가게 될까? 당연히 무료로 한 잔을 마실 수 있는 곳으로 가게 된다. 매장 이용 시마다 제공해 주는 '이용 확인 도장'은 점주 입장에서는 단골 고객을 확보하거나 재방문을 유도하기 위한 마케팅 활동이지만, 사용자의 입장에서는 커피 외에 추가적으로 받을 수 있는 혜택이다. 이와 같은 추가적 혜택은 차후 커피숍 이용 시 중요한 선택의 기준이 되기도 한다.

'이용 확인 도장'(스탬프)을 받기 전까지는 커피숍에서 느낄 수 있는 Value는 커피 맛, 가격 등에 있었다면, '이용 확인 도장'을 제공받은 후로는 '이용 확인 도장'이라는 새로운 Value를 추가로 얻게 된다. 즉, 스탬프라는 추가적인 혜택 제공을 통해 앱 사용 Value가 확장된다.

다음 사진은 'Smarter Subway' 앱 화면을 캡쳐한 사진이다. 사진에서 특이점을 찾아보기 바란다. 특이점을 못 찾았는가? 사진 상단에 보면, '나쿠폰' 메뉴가 들어가 있다. 쿠폰과 지하철과는 별 관련이 없다. 쿠폰은 지하철 앱이 주는 Value와는 무관하다. 지하철 앱은 사용자가 지하철을 편리하게 이용하도록 도화주는 앱이기 때문에 쿠폰을 제공하지 않더라도 사용자가 느끼는 Value가 떨어지거나 해가 되지는 않는다. 실제로 'Smarter Subway' 앱이 처음 나왔을 때는 '내 쿠폰' 메뉴가 없었다. 그럼 왜 지하철과 상관도 없는 메뉴가 들어가게 되었을까?

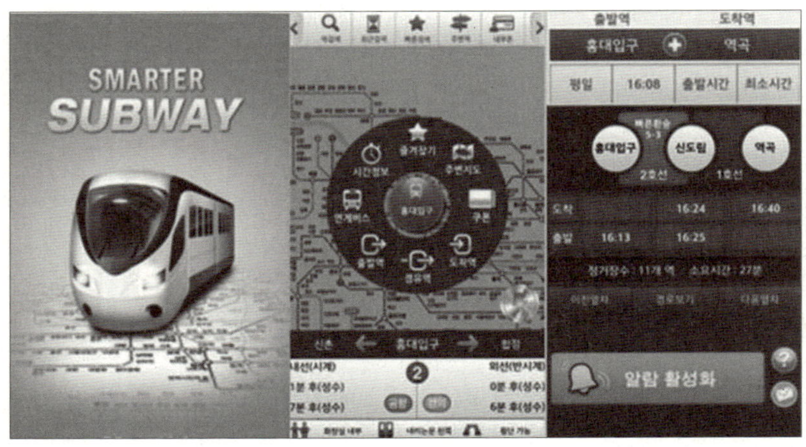

「Smarter Subway」 앱의 실행 화면

사용자가 느끼는 Value의 확장 측면에서 생각해 보면 쉽게 답이 나온다. 지하철 앱은 사용자들이 지속적으로 사용할 수 있는 성격의 앱, 즉 항상 가는 곳을 확인하기 위해 사용하는 앱은 아니다. 지하철을 이용해 잘 모르는 곳을 갈 때, 환승 또는 이동 시간 등을 확인하기 위해 사용하는 앱이다. 그 때문에 앱 사용이라는 측면에서 생각보다 앱 사용이 많이 이루어지지 않는다. 따라서 편리한 지하철 이용이라는 Value 외에 쿠폰이라는 추가적인 Value를 제공하여 앱 사용 Value를 확장함으로써 앱의 상시 사용을 유도하고자 하는 전략으로 보인다.

274

위의 두 가지 사례에서 본 것처럼 앱 사용 Value를 확장하기 위해서 선택할 수 있는 방법에는 다음의 두 가지 방법이 가능하다.

> • 보상 제공을 통한 체감 Value 확대
>
> • Co-Marketing, 제휴 등을 통한 체감 Value 확장

첫 번째 방법은 커피숍에서 제공해 주는 스탬프Stamp와 같이 본질적 Value 외에 앱 사용에 따른 보상 제공과 같은 추가적인 Value 제공을 통해 체감 Value를 확대하는 방법이다. 두 번째 방법은 지하철 앱과 같이 기존 앱에서 제공하던 Value 외에 사용자의 Context와 연관된 Value를 제공하여 사용 Value를 확장하는 방법이 있다. 어떤 방법을 사용하든지 자유롭게 선택하면 된다. 각각의 방법에 대해 좀 더 구체적으로 알아보도록 하자.

보상 제공을 통혜 계속 사용을 유도하라

앱 사용을 통해 얻는 Value의 총합을 증가시켜주는 방법으로 앱 사용에 따른 보상(Reward)을 제공해 주는 방법이 있다. 사용횟수에 따른 포인트 등 경제적 Reward(경품, 포인트 등)를 제공하거나 사용 횟수에 따른 등급 부여 등 Emotional Reward 제공을 통해 체감 Value를 확대하는 방법이다.

다음의 사진은 티맵택시에서 앱 런칭 후 앱 사용을 유도하기 위해서 시행했던 프로모션으로 티맵택시를 이용할 때마다 사용 횟수에 따른 경품을 제공하는 내용이다.

티맵택시와 같은 이용 횟수에 따른 Reward 제공 방법은 앱 출시 초기

『티맵택시』 앱의 화면

에 효과적으로 활용할 수 있는 마케팅 방법이다. 앱 사용 초기에는 어떤 사용자라도 앱 사용에 대한 습관이 형성되어 있지 않은 상태로, 앱 사용에 대한 심리적 Barrier가 작동한다. 택시를 부를 때 여전히 앱 사용이 낯설기 때문에 티맵택시 사용이 잘 떠오르지 않는 상태이다. 이럴 때 강제적으로 앱 사용을 하도록 해서 앱 사용에 대한 심리적 저항을 없애주는 것이 필요하다. 즉, 앱 사용에 따른 Reward 제공을 통해 향후 추가 해택에 대한 기대감을 갖게 하는 것이 필요하다. 조금 낯설고 불편하지만, 앞으로 조금만 더 사용하면 혜택을 얻을 수 있다는 기대감을 통해 앱 사용에 대한 심리적 저항을 없애는 방법이다.

Reward 제공을 통해 사용을 유도하는 방법은 꼭 앱 런칭 초기에만 활용해야 하는 방법은 아니다. 앱 사용량이 증가하면서 앱 사용 Value가 앱 사용을 위한 Input보다 낮게 될 경우 앱 사용 Value를 확대하기 위한 방법으로도 사용할 수 있다. 사용자가 앱을 사용해야 할 마땅한 이유를 찾지 못해 앱 사용이 줄어들 경우 Reward 제공을 통해 앱을 사용할 이유를 갖게 해 주면 된다. 사용자에게 제공이 가능한 특정 Reward에는 이용 횟수 및 이용 기간에 따른 경품, 포인트와 같은 금전적 혜택부터 등급과 같은 Emotional한 Reward 등이 있다. 어떤 Reward를 제공하든지 앱의 성격 및 사용자의 Context에 맞추어 제공하는 것이 필요하다.

가장 좋은 Reward는 사용자의 앱 사용 경험과 연결할 수 있는 Reward, 즉 1회 무료 사용권과 같은 혜택이 가장 좋다. 사용자의 사용 경험을 증가시켜 습관 형성에 도움이 되기 때문이다.

다음으로 고려해 볼만한 Reward로는 티맵택시와 같이 사용자가 주변에서 쉽게 이용할 수 있는 Category(커피, 아이스크림 등)의 무료 이용권이다. 사용자가 주변에서 흔히 사용할 수 있는 이용권은 사용자가 쉽게 이용할 수 있어 앱 사용에 따른 혜택을 명확히 느낄 수 있도록 해준다.

Reward 선택 시 피해야 할 것은 범용적으로 사용자가 쉽게 사용할 수 없는 혜택이다. 특정 사용자에게는 선호가 높을 수 있지만, 대다수 사용자에게는 선호가 낮은 혜택은 피해야 한다. 예를 들어, 사진 촬영 할인권 같은 경우는 자녀의 백일, 돌 등을 앞둔 사용자는 선호하지만, 대다수 사용자는 사용할 일이 거의 없는 혜택이다

제휴 또는 Co-Marketing을 추진하라

Value를 확장하는 두 번째 방법으로는 제휴 또는 Co-Marketing을 통해 새로운 Value를 제공하여 앱 사용 Value를 확장하는 방법이다. 새로운 Value란 앱이 제공해 주던 기존 Value를 확대하는 것이 아니라, 기존 앱 카테고리를 벗어난 Value를 의미한다. 새로운 Value는 제휴 또는 Co-Marketing을 통해서 가능하다. 제휴 또는 Co-Marketing을 통해 창출된 새로운 Value가 합쳐져서 앱 사용 Value의 총합이 증가한다. 여기서 주의해야 할 점은 다음과 같이 앱 사용 Value의 총합이 기존 Value와 New

Value의 단순 합이 아니라, 곱하기라는 사실이다.

앱 사용 Value의 합 = 기존 Value × New Value

제휴 및 Co-Marketing 활동으로 창출된 New Value가 (-)가 되면 Value의 총합은 (-)가 되어, 앱 사용은 이루어지지 않는다. 따라서 New Value 창출을 위한 제휴 및 Co-Marketing 활동이 (+)가 되도록 해야 한다. 이를 위해서는 사용자가 앱을 사용하는 상황(Context) 또는 행동 패턴 등과 연계되어 제휴나 Co-Marketing이 이루어져야 한다.

스타벅스의 Value 확장 사례를 통해 앱 사용 Value 확장 방법에 대해 알아보도록 하자.

스타벅스는 2013년 뉴욕 타임스와 제휴를 통해 스타벅스 매장에서 커피를 마시는 동안 뉴욕 타임스 인터넷판에 게재된 유료 기사 중 하루 15개까지 무료를 볼 수 있도록 하였다. 이를 통해 스타벅스는 이용자의 Value 확장을, 뉴욕 타임스는 유료 기사에 대한 체험을 통해 유료 가입자 확장을 추진할 수 있게 되었다.

스타벅스는 뉴욕 타임스와 제휴를 통해 무료 신문이라는 새로운 Value 제공으로 스타벅스 이용 후 소비자들이 느낄 수 있는 Value의 총합을 증가시키려고 하였다. 뉴욕 타임스와의 제휴를 통한 무료 신문 제공이 (+) Value를 제공하는지 (-) Value를 제공하는지 여부는 스타벅스를 이용하는 소비자의 이용 패턴과 무료 신문과의 연계성에 따라 판단할 수 있다. 앞서 말한 것처럼, 스타벅스가 제공하는 New Value(무료 신문)가 소비자의 스타벅스 이용 패턴과 연계되어 있으면 (+)의 Value를 제공하고, 연계되어 있지 않으면 (-) Value를 제공하는 것으로 볼 수 있다. 무료 신문 제공이라는 새로운 Value가 스타벅스 이용자의 행동 패턴과 연계되어 있는지 살펴보도록 하자. 소비자들은 스타벅스를 이용하면서 다음과 같은 행동을 보인다.

❶ 커피를 Take-out 한다.

❷ 음악을 듣는다.

❸ 앱으로 뉴스, 동영상 등을 보면서 시간을 보낸다.

❹ 노트북을 사용(업무 등)한다

스타벅스에서 제공하고자 하는 무료 신문이라는 New Value가 소비자의 행동과 연계가 잘 되어있는지 살펴보면 무료 신문 제공은 위에서 언급한 스타벅스 매장 내에서 소비자들이 보이는 행동과 밀접하게 연계가 되어 있는 것을 알 수가 있다. 신문을 본다는 행위는 커피를 마시는 행동, 음악을 듣는 행동과 자연스럽게 연계가 되며, 특히 앱을 활용해서 시간을 보내는 행동과 연계가 잘 이루어진다. 따라서, 무료 신문 제공이라는 새로운 Value가 기존 Value와 결합하여 스타벅스를 이용하는 고객들이 느끼는 Value를 증가시키며, 증가된 Value에 따라 소비자는 스타벅스를 지속적으로 이용하게 된다. 만약, 스타벅스에서 소비자의 행동과 연계가 매끄럽지 않은 무료 보험 상담 서비스를 제공했다고 가정해 보면(실제로 전혀 그럴 가능성이 없다), 무료 보험 상담 서비스라는 새로운 Value가 (-)의 Value를 제공하게 되어 스타벅스 이용자가 얻게 되는 전체 Value는 (-)가 되게 되고, 결국 이용을 중단하게 될 것이다.

스타벅스 사례에서 본 것처럼 제휴 및 Co-Marketing은 앱 사용자의 행동 패턴과 연계하여 추진해야 한다. 이를 위해서는 제일 먼저 사용자의 행동 패턴을 파악해야 한다. 행동 패턴이란 말 그대로 앱을 사용하는 상황 전후의 사용자 행동을 말한다. 행동 패턴이 파악되면 사용자가 보이는 행동과 연관된 영역의 제휴 또는 Co-Marketing을 추진하면 된다.

다음의 표는 사용자의 행동 패턴을 파악하고 이를 기반으로 한 제휴 및 Co-Marketing 추진 방향을 설정하는 방법에 대해 지하철 앱을 토대로 작성한 것이다. 충분히 내용을 숙지하고 앱 사용 Value 확장을 위한 제휴 및 Co-Marketing을 추진해 보도록 하자.

지하철 앱 사용 Value 확장을 위한 제휴 및 Co-Marketing 추진 방향

사용자 행동	제휴 및 Co-Marketing 추진 방향
• 환승 정보, 최소 시간 등 지하철 이용 관련 정보 파악 • 지하철 이용 시 동영상 시청, 게임 등 Entertain 콘텐츠 소비 • 지하철 이동 중 SNS, 카톡 등 인적 네트워크 강화 • 지하철 이동 중 뉴스, 블로그, 쇼핑몰 등 정보성 콘텐츠 소비	• 지하철 이동 중 자투리 시간을 보낼 수 있는 무료 콘텐츠 제공 – Entertain 콘텐츠, 뉴스 등 정보성 콘텐츠 제공 • 지하철역 주변 상권에 대한 정보(맛집, 할인 쿠폰 등) 제공 • 택시 앱과 연계

■**핵심 포인트**

앱을 지속적으로 사용하도록 하기 위해서는 앱 사용으로부터 사용자가 얻게 되는 가치(Value)가 앱 사용을 위해 투입하는 시간, 비용, 노력 등의 Input보다 크게 해 주어야 한다. 앱 사용 Value는 무한정 지속되지 않고 앱 사용횟수 또는 사용량이 늘어날수록 앱 사용을 통해 얻는 앱 사용 Value는 감소하게 되어, 결국 앱 사용을 위해 필요한 Input보다 더 낮게 된다. 이 시점을 앱 피로점이라고 하며, 앱 피로점에 도달하기 전에 앱 사용 Value를 확장하여 지속해서 사용할 수 있도록 해야 한다.

앱 사용 Value를 확장하는 방법에는 다음의 두 가지 방법이 있다.

☑ Reward 제공을 통한 체감 Value 확대

☑ Co-Marketing, 제휴 등을 통한 체감 Value 확장

첫 번째 방법은 본질적 Value 외에 앱 사용에 따른 Reward 제공과 같은 추가적인 Value 제공을 통해 체감 Value를 확대하는 방법이다. 두 번째 방법은 기존 앱에서 제공하던 Value 외에 사용자의 Context와 연관된 Value를 제공하여 사용 Value를 확장하는 방법이다.

Reward 제공을 통한 체감 Value 확대는 앱 사용을 통해 얻는 Value의 총합을 증가시켜주는 방법으로 사용횟수에 따른 포인트, 혜택 등 경제적 Reward, 또는 등급 부여 등 Emotional Reward를 제공하여 체감 Value를 확대하는 방법이다.

사용횟수에 따른 Reward 제공 방법은 앱 런칭 초기에 효과적으로

활용할 수 있는 방법으로 앱 사용 초기 앱 사용에 대한 습관이 형성이 되지 않아 존재하는 앱 사용에 대한 심리적 거부감을 앱 사용에 따른 Reward 제공으로 제거할 수 있다. Reward를 제공할 때는 앱 사용 경험과 연결할 수 있는 Reward 또는 사용자가 주변에서 쉽게 이용할 수 있는 카테고리의 Reward를 제공하는 것이 좋다

체감 Value 확장은 제휴 또는 Co-Marketing을 통해 기존 Value 외에 새로운 Value를 제공하여 앱 사용 Value를 확장하는 방법이다. 제휴 및 Co-Marketing은 앱 사용자의 행동 패턴과 연계하여 추진해야 한다.

앱 사용에 대한 Remind를 하라

앱을 내려받은 후 지속적으로 사용하도록 하기 위해서는 앱 사용을 유도해야 한다. SNS와 같이 매일 사용하는 앱이 아닌 경우 앱 사용에 대한 적절한 Remind를 통해 앱 사용을 유도하는 것이 필요하다. 특히 앱 가입 초기에는 앱 사용에 대해 능숙하지 않기 때문에 앱을 언제, 어떤 상황에서 사용하는 것이 가장 좋은지 잘 알지 못한다. 따라서 앱 사용이 어느 정도 자리 잡을 때까지는 지속적으로 앱을 사용하라고 알려주어야 한다. 뿐만 아니라 유사한 기능을 제공하는 앱에도 쉽게 접근할 수 있고 앱 내려받기에 별도의 비용이 투입되지 않기 때문에 사용자는 주변의 조그마한 유혹에도 다른 앱으로 쉽게 옮겨갈 수 있다. 따라서 지속적인 앱 사용에 대한 유도를 통해 사용자들이 다른 앱으로 넘어가지 않도록 할 필요가 있다. 지금부터 앱 사용에 대한 Remind를 할 수 있는 방법에 대해 알아보도록 하자.

푸시 알림 (Push Notification)을 적절히 활용하라

앱 사용에 대한 Remind를 할 수 있는 가장 기본적인 방법은 Push Notification이다. 앱을 내려받은 사용자 또는 회원에게 푸시 메시지를 통해 앱 사용과 관련한 정보를 제공하고 사용을 유도하는 방법이다.

다음의 사진은 주말이 되면 하이마트에서 알려주는 푸시 알림 서비스이다. 소비자는 푸시 알림을 통해 잊어버리고 있던 제품 구매에 대해 생각하기도 하고 가격 정보를 얻을 수 있으며, 알림 발송자는 소비자가 놓칠 수 있는 정보를 제공하여 매장 방문을 유도할 수 있다.

모바일 마케팅 솔루션 업체인 Urban Airship에 따르면 푸시 알림 서비스 유무에 따라 사용자의 Retention율이 두 배 이상 차이가 난다고 한다. 앱 실행 후 3개월 지난 시점에서 Retention율을 비교해 보면 푸시 알림을 전혀 보내지 않는 경우의 Retention율은 21%이지만, 푸시 알림을 많이 보내는 경우의 Retention율은 45%로 많은 차이를 보인다.

그뿐만 아니라 게임업체인 둡이 자사의 700만 사용자를 대상으로 분석한 자료에 따르면, 이벤트 진행에 대한 푸시

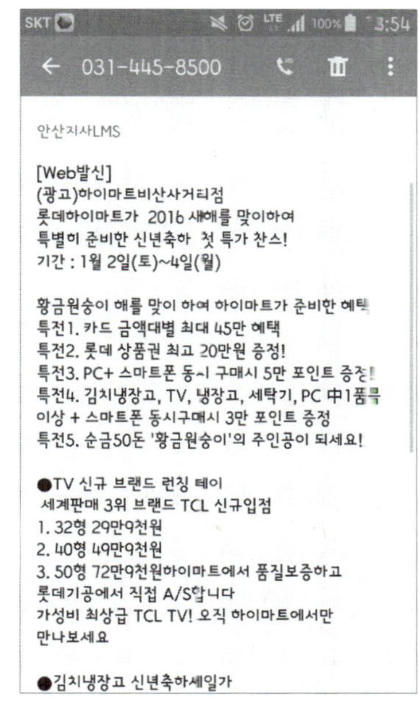

『하이마트』 푸시 알림 내용 화면

알림을 통해 27% 이상의 액티브[Active] 유저가 증가한 반면, 푸시 알림을 발송하지 않는 경우는 7% 내외의 낮은 비율로 액티브[Active] 유저가 증가하였다고 한다. 동일 이벤트에 더해서도 푸시 알림 유무에 따라 액티브 유저 증가가 4배 이상의 차이를 보임을 알 수 있다.

위에서 본 것처럼 푸시 알림 서비스는 업데이트 및 이벤트(할인 소식 도함) 등의 소식을 사용자들에게 가장 빠르게 전달하는 방법으로 앱 사용을 Remind할 수 있는 효과적인 방법이지만, 너무 잦은 푸시 알림은 사용자에게 스팸성으로 비칠 수 있다. 모바일에 설치된 앱의 개수는 평균 40개를 넘는다. 각 앱이 사용자에게 주 1회 푸시 알림을 보낸다고 하더라도 사용자는 한 주에 40개가 넘는 메시지를 받게 된다. 요일별로 차례대로 발송된

다고 하더라도 일 평균 6개 이상의 메시지를 받게 되는 것이다. 따라서 푸시 알림(Push Notification)을 설계할 때는 푸시 알림의 내용, 발송 시기, 발송 방법 등에 대해 충분한 고민을 해야 하며, 무차별적으로 날아오는 푸시 알림 속에서 사용자들이 수신된 메시지를 열어 볼 수 있도록 설계되어야 한다.

푸시 메시지 설계

푸시 알림을 발송하는 이유는 사용자에게 메시지를 보내 앱 사용을 유도하기 위해서다. 따라서 푸시 메시지를 받은 소비자들이 메시지를 열어 볼 가능성을 높이는 것이 중요하다. 푸시에 대한 반응률을 높일 수 있도록 메시지가 설계되어야 한다. 푸시 메시지의 반응률을 높이기 위해서는 기본적으로 메시지의 내용이 매력적이어야 한다. 하지만 메시지의 내용이 아무리 매력적이라고 하더라도 이를 받는 사용자가 메시지의 내용을 이해하지 못하면 아무 소용이 없다. 따라서 메시지를 설계할 때는 다음의 3가지 사항에 대해 유념해야 한다.

❶ 메시지는 한눈에 파악이 가능해야 한다.

❷ 메시지는 사용자의 감성에 소구해야 한다.

❸ 명확한 타겟 고객을 대상으로 작성해야 한다.

❶ 메시지는 사용자가 한눈에 파악할 수 있어야 한다.

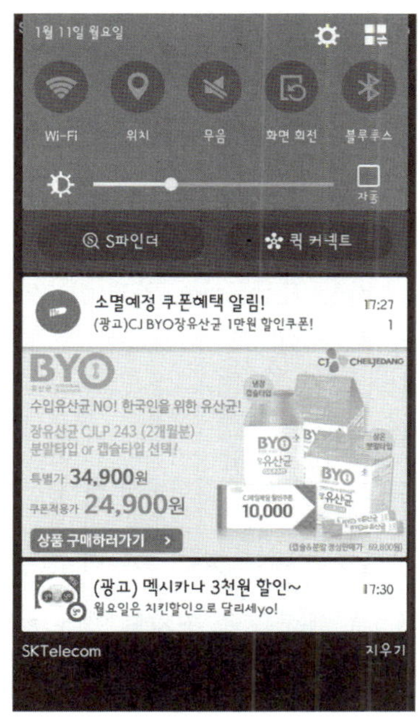

푸시 메시지 화면

사용자들은 메시지를 받았을 때 바로 그 내용을 처음부터 끝까지 읽어보지는 않는다. 왼쪽의 사진에서 보는 것처럼 푸시 메시지가 왔다는 것을 확인하는 순간 메시지의 헤드라인을 보고 지울 것인지 아니면 내용을 확인해 볼 것인지 결정한다. 따라서 메시지를 확인해 보도록 하기 위해서는 메시지가 사용자의 관심을 끌 수 있어야 하며, 이를 위해서는 메시지를 작성할 때 다음의 사항을 지켜야 한다.

☑ 메시지 작성은 두괄식으로 작성해야 한다.

☑ 메시지 헤드라인은 함축적으로 작성해야 한다.

메시지를 작성할 때는 헤드라인만으로도 사용자가 메시지의 내용을 파악할 수 있도록 두괄식으로 작성하는 것이 좋다. 결론이 먼저 나와 있어야 사용자의 입장에서 메시지의 내용 파악이 가능하다. 메시지의 결론, 전달하고자 하는 주요 내용이 메시지의 제일 아래에 있다고 가정해 보자. 메시지가 전달하는 내용이 한눈에 파악이 되지 않기 때문에, 사용자의 관심을 끌지 못하게 되며, 결국 사용자는 메시지를 확인해 보지 않는다.

❷ 메시지는 사용자의 감성에 소구하여야 한다.

메시지는 무미건조한 팩트fact를 전달하는 것보다는 사용자의 감성을 자극할 수 있는 문구를 전달하는 것이 좋다. 사람들은 논리적인 것보다는 감성적인 소구에 더 잘 움직인다. 사용자의 감성에 소구하기 위해 이모티콘, 사진 등 다양한 도구를 활용할 필요가 있다.

❸ 푸시 메시지는 명확한 타겟을 대상으로 작성되고, 발송되어야 한다.

모든 가입자에게 동일한 내용으로 메시지를 보내는 것은 오히려 보내지 않는 것과 다를 바 없다. 더구나 스팸이라는 인식을 줄 소지도 있다. 당신이 20~30대라면 만약 40대 이상의 사용자애게 소구될 수 있는 메시지와 콘텐츠가 발송되어 온다면 어떤 생각을 하게 될까? 당신과 관련 없는 메시지를 보내는 앱으로 인지하게 될 것이며, 메시지 수신 자체를 거부할 수도 있을 것이다. 물론 소비자에 따라서는 다른 연령대가 선호하는 콘텐츠에 대한 니즈를 가지고 있는 경우도 있다. 그러나 대부분은 그렇지 않다. 사용자별로 선호하는 콘텐츠가 상이하고 반응하는 소구점도 다르다. 따라서 푸시 메시지를 작성하기 전에 메시지의 발송 타겟은 누구인지를 먼저 확인하고 그 타겟에 맞는 메시지를 작성하는 것이 필요하다.

주기적으로 앱을 업데이트하라

앱 사용에 대한 Remind를 하는 두 번째 방법은 정기적인 앱 업데이트이다. 다양한 사용자들의 요구사항 및 기대사항을 충족시켜 지속적으르 사용을 유도할 수 있어, 출시된 지 얼마 되지 않은 앱의 경우 업데이트는 필수이다. 앱 런칭 초기에는 사용자의 불만족을 개선하고 지속 사용을 유도하는 수단으로 업데이트를 활용해야 한다.

모바일 게임업체인 둡의 콘텐츠 업데이트에 따른 액티브 유저 증가 분석자료를 살펴보면 콘텐츠 업데이트 시 평균 51%의 액티브 유저(1일 1회 이상 앱 실행 유저)가 증가하고, 75%의 매출 상승의 효과가 있었다고 한다.

위의 사례에서 보듯이 앱 업데이트는 사용자의 지속적 사용을 유도하는 적절한 수단이다. 앱 업데이트를 통해 사용자의 긍정적 사용 경험이 (-)가 되는 부분을 개선할 수 있고, 사용자의 불만족을 개선할 수 있으며, 이를 통해 사용자의 지속 사용을 유도할 수 있다.

앱 사용 가능성이 큰 MOT 순간의 Remind가 중요하다

앱 개발자 또는 기획자가 가장 저지르기 쉬운 오류 중 하나가 사용자는 앱 개발사가 의도한 대로 앱을 사용할 것이라는 생각이다. 즉, 사용자는 앱을 언제 어떻게 사용해야 하는지 잘 알고 있을 것이라는 착각이다. 그래서 앱 개발 후 앱 내려받기를 위한 마케팅 활동은 많이 하지만, 언제 어떻게 앱 사용을 해야 하는지에 대한 마케팅 활동은 하지 않는 경우가 많다.

특히, 런칭한 지 얼마 되지 않은 앱의 경우 사용자들은 앱 개발 시 의도

한 대로 앱을 사용하지 않을 뿐더러, 언제 사용해야 하는지 모르는 경우가 많다. 특정 앱 사용이 사용자의 행동 패턴에 확고하게 자리를 잡지 못해 종종 앱 사용을 잊어버리는 경우가 발생하기도 한다. 따라서 앱 사용에 대한 Remind를 통해 앱 사용을 습관화할 수 있도록 하는 것이 필요하다.

앱 사용에 대한 자극을 불러올 수 있는 가장 좋은 방법은 사용자의 Context와 연계한 마케팅 방법이다. 당신이 더운 여름에 갈증을 느끼고 있는 상황(Context)이라면, 어떻게 마케팅하는 것이 가장 잘 팔리겠는가? Context와 연계한 마케팅이란 이와 같은 것이다. 갈증을 느낄 때 물을 권유하는 것과 같은 방법이다.

음료(커피 등) 매장에서 음료수 구입 후 포인트 적립에 대한 권유를 한 번쯤은 받아 보았을 것이다. 구매 현장에서 포인트 적립을 권유하는 것이 사용자가 포인트 적립을 할 가능성이 크다. 소비자 대부분은 포인트 적립에 대해 익숙하지 않은 관계로 포인트 적립에 대해서 잊어버리는 경우가 허다하다. 포인트 적립에 대해서 잊고 있는 순간에 적립을 권유받게 되면 자연스럽게 포인트 적립을 하게 되고, 이에 대한 학습이 이루어지게 된다. 홈플러스에서 구매 후 항상 받는 질문이 "포인트 카드 있나요?"이다.

이와 같이 사용자가 앱을 사용할 가능성이 가장 큰 시점에 앱 사용을 권유하는 것이 앱 사용을 높이고, 앱 사용에 대한 습관을 형성할 수 있는 방법이다. 앱을 사용할 가능성이 가장 큰 시점에 앱 사용을 권유할 수 있는 방법으로는 다음과 같은 방법들이 있다.

오른쪽 사진은 '여기어때' 앱에서 시행한 Remind를 유도하는 오프라인 마케팅 사례이다. 제휴 숙박업소의 객실에 오른쪽의 사진과 같은 '혜택존' 마크를 부착하고 NFC에 태그하거나 QR코드를 찍어 포인트 적립 또는 영화이용권 등의 혜택을 제공하는 내용이다. 오프라인(현장)에서 포스터(안내 스티커)를 활용, 앱 사용에 Remind를 통해 사용을 유도하고 앱을 사용하지 않는 사용자의 내려받기 및 사용을 유도하고 있다.

『여기어때』에서 진행한 이벤트 화면

■ **핵심 포인트**

앱 지속 사용을 유도하기 위해서는 앱 사용에 대한 적절한 Remind가 필요하다. 특히 앱 런칭 초기에는 앱 사용이 능숙하지 않아 앱 사용이 어느 정도 자리 잡을 때까지는 앱 사용에 대해 Remind를 해 주는 것이 필요하다.

앱 사용에 대한 Remind 방법은 다음과 같다.

☑ Push Notification을 적절히 활용하라

☑ 주기적으로 앱을 업데이트하라

☑ 앱 사용 가능성이 큰 MOT 순간의 앱 Remind

첫째, 앱 사용에 대한 Remind를 할 수 있는 가장 기본적인 방법은 푸시 알림(Push Notification)이다.

푸시 반응률을 높이기 위해서는 메시지 설계 시 다음의 3가지 사항을 유념하여 작성해야 한다.

❶ 메시지는 한눈에 파악이 가능해야 한다.

❷ 메시지는 사용자의 감성에 소구해야 한다.

❸ 명확한 타겟 고객을 대상으로 작성해야 한다.

둘째, 정기적인 앱 업데이트가 필요하다. 앱 업데이트를 통해 다양한 사용자들의 요구사항 및 기대사항을 충족시켜 지속적으로 사용을 유도할 수 있어, 출시된 지 얼마 되지 않은 앱의 경우 업데이트는 필수이다.

셋째, 사용자가 앱을 사용할 가능성이 가장 큰 시점에 앱 사용을 권유하는 것이 앱 사용을 높이고, 앱 사용에 대한 습관을 형성할 수 있는 방법이다. 앱을 사용할 가능성이 가장 높은 시점에 앱 사용을 권유할 수 있는 방법은 다음과 같다.

❶ 오프라인 매장의 X-채너를 통한 앱 사용 Remind

❷ 오프라인 매장에서 포스터 또는 POP 등을 활용한 앱 사용 Remind

❸ 오프라인 매장 점원의 직접적 사용 권유

사용자의 관여도(Input)를 높여라

필자는 약 2년 전에 김치 냉장고를 구매한 적이 있다. 배송기사가 김치 냉장고를 설치한 후에 그 포장 박스를 가져가도 되겠냐고 물었다. 그때 나의 반응은 "잠깐만요"였다. 평상시에 빈 박스가 전혀 쓸데가 없어 제품을 구매하더라도 그냥 버리고 오는 경우가 많았지만, 그날따라 나의 반응은 평상시와 달랐다. 왜 그랬을까?

사람들은 지금 당장 손해를 더 민감하게 받아들인다. 향후 발생할 이익보다는 지금 당장 손해가 더 커 보이기 때문이다. 그래서 자신에게는 정작 필요하지도, 사용하지도 않지만 누군가 "필요 없죠?" 하면 막상 아까워한다. 그래서 집안 가득히 쓰지도 않는 물건을 쌓아 두고 있는지도 모른다. 김치 냉장고 박스에 대한 배송기사의 이야기는 이러한 사람들의 심리를 적절히 이용한 노하우다. 박스를 가져가 봐야 활용할 곳이 없지만 박스를 가져가겠다고 하면, 많은 소비자가 박스를 오히려 사용하겠다고 하는 경우가 있다고 말했다. 그날 배송기사로부터 실전 경험에서 우러나온 멋진 마케팅 한 수를 배웠다.

이케아 효과(IKEA Effect)

사람들은 자신이 쏟아부었던 시간, 노력, 비용 등에 다한 애착이 강하며, 자신이 소유했던 것들 또는 시간, 노력을 투입한 것들에 대한 가치를 더 높게 평가하는 경향이 있다. 당신의 집에는 사용하지 않고 창고에 쌓여 있는 물건들이 잔뜩 있을 것이다. 언젠가는 사용하게 될 것이라는 생각 때문에, 또는 나의 손때가 묻어 있기 것이기 때문에 버릴 수 없어서도 있겠지만, 결코 다시 사용하지 않는 물건들도 많이 쌓여 있을 것이다.

미국 하버드대 마이클 노턴, 캘리포니아 주립대 대니얼 모혼, 듀크대의 댄 애리엘리 교수는 이와 관련하여 실험을 진행하였다. 실험자들을 대상으로 종이접기를 시킨 후 피실험자들이 만든 종이비행기를 모아 경매에 부치는 실험이었다. 경매 결과 작품의 질과는 상관없이 피실험자들이 자신이 만든 작품을 더 높게 평가하고 웃돈을 주고서라도 낙찰 받으려고 하는 모습을 보였다고 한다. 이를 '이케아 효과'(IKEA Effect)라고 한다. 이케아 효과란 소비자가 자신의 시간과 노력을 기울인 경우 자신의 자긍심과 역량이 커졌다는 느낌이 들게 되고, 시간과 노력을 투입한 제품에 더 가치를 두게 된다는 이론이다.

위의 실험에서 알 수 있듯이 사용자의 시간, 노력 등 Input이 투자되면 사용자들은 앱을 더욱 가치 있게 여기게 되고, 앱 사용을 중단하지 못하게 된다. 당신은 지금 당장 사용하고 있는 페이스북, 핀터레스트와 같은 SNS를 버리고 다른 서비스로 옮겨갈 수 있는가? 그렇지 못할 것이다. 당신이 투자한 자산, 즉 동영상이나 사진 등의 콘텐츠가 쌓여 있기 때문이다. 동영상이나 사진 등 사용자가 앱을 사용하면서 생성한 콘텐츠를 사용자의 앱 자산이라 한다.

사용자로 하여금 앱 사용에 시간, 노력 등 Input을 투자하게 하여 앱 자산을 형성 하는 것 역시 지속적인 앱 사용을 유도하는 방법이다. 앱 사용에 어느 정도의 Input을 투자하도록 해야 할까? 사용자의 Input은 많을수록 좋다. 사용자의 Input이 늘어날수록 앱에 쌓이는 사용자의 앱 자산이 늘어나기 때문이다. 사용자의 Input이 늘어날수록 앱 사용을 중단으로 잃게 되는 앱 자산이 늘어나게 되어 앱 사용을 중단하기가 그만큼 어렵게 된다. 동일한 종류의 앱이 출시된다고 하더라도 자신이 투자한 노력이나 시간 등이 아까워 다른 앱으로 이동할 생각을 못하게 되는 것이다. 비록 앱 사용을 통해 얻는 가치가 (-)라고 하더라도 앱 사용을 중단할 수가 없게 된다.

그럼 어떻게 해야 사용자의 Input을 증가시킬 수 있을까? 회원 가입을 어렵게 하면 사용자의 Input이 증가할까? 그렇지 않다. 앱 사용에 사용자의 Input을 증가시킨다는 의미는 앱 사용을 어렵게 하거나 회원 가입을 까다롭게 한다는 의미가 아니다. 앱을 사용하면서 콘텐츠를 생성하게 하거나 정보 입력을 하게 하는 것 등이 사용자의 Input을 투입하게 하는 방법이다. 사용자의 Input을 높이는 방법에 대해 좀 더 구체적으로 알아보도록 하자.

콘텐츠

앱 사용자에게 콘텐츠를 생산하도록 하면 사용자의 Input, 즉 앱에 대한 투자활동은 증가하게 된다. 사용자가 콘텐츠를 생산할수록 사용자의 Input은 증가하게 된다. 콘텐츠는 사진이나 동영상에서부터 사용자가 남기는 리뷰, 후기 등 다양하다. 사용자가 직접 생산, 제작하는 콘텐츠뿐만 아니라 페이스북에 올라오는 사진, 동영상 등도 앱 사용자의 콘텐츠다.

콘텐츠가 생산, 저장되면 사용자의 과거 경험과 기억 역시 같이 저장된다. 시간이 지날수록 콘텐츠와 경험, 기억들이 한데 엮이게 되고 이에 따

「Syrup 테이블」 앱 화면

라 콘텐츠의 가치는 증가하게 된다. 콘텐츠의 가치가 올라갈수록 앱 사용 중단에 따른 투자 손실이 커지기 때문에 앱 사용을 중단하기가 어렵게 된다.

왼쪽 사진에서 보는 것처럼 Syrup 테이블은 사용자에게 사진, 동영상 등의 콘텐츠 없이도 텍스트[Text]를 활용해서 음식점에 대한 리뷰(후기)를 남기도록 함으로써 사용자의 Input 투자를 유도하고 있다. 사용자들은 자신이 다녀온 음식점에 대한 간단한 리뷰 등을 남기고, 댓글을 확인함으로써 Syrup 테이블을 자주 이용하게 될 뿐만 아니라, 음식점 관련 정보를 찾고자 할 때 자연스럽게 자신의 시간과 노력 등 Input을 투입했던 Syrup 테이블을 이용하게 된다.

사용자들이 남기는 리뷰, 사용후기 역시 사용자들이 생산하는 사진, 동영상과 동일한 효과를 갖는다. 특정 제품, 앱에 대한 사용 후기, 리뷰 등을 작성한다는 것은 그만큼 나의 시간과 노력을 들인다는 의미이고, 자신의 시간, 노력을 투입할수록 상품에 대해서는 더욱 가치를 두게 되기 때문이다.

사용자 프로파일^{User Profile} (Data)

  사진, 동영상, 리뷰, 후기 등 콘텐츠 외에 사용자 Input을 증가시키는 다른 요소는 사용자 데이터다. 사용자에게 자신의 정보를 직접 입력하게 하거나 설정하도록 하면, 그만큼 사용자가 자신의 시간과 노력을 투입하게 되고 애착을 갖게 된다. 하지만 주의해야 할 점은 정보 입력을 유도할 때 사용자가 귀찮게 여길 수 있다는 사실이다. 사용자 Input 투입을 유도하다가 불편한 사용 경험을 만드는 역효과를 불러일으킬 수도 있다. 따라서 Input 투입을 유도할 때는 입력된 정보를 통해 사용자가 얻을 수 있는 가치가 충분히 있다는 사실을 알게 해 주어야 한다. 정보 입력으로 얻을 수 있는 가치가 있다고 판단하면 사용자는 기꺼이 자신의 정보를 입력할 것이다. 반대로 정보만 입력하고 그 정보를 통해 얻는 효과가 없다면 정보 입력이라는 행동 자체가 아무런 의미가 없는 행동이 되고 자신을 귀찮게 하는 것으로 여기게 된다.

  링크인^{Linked in}이나 왓챠^{Wacha} 등이 사용자 데이터 입력을 유도하여 사용자 Input을 높이는 경우는 좋은 사례가 된다. 링크인이나 왓챠를 사용하려면 필수로 몇 가지 정보를 입력해야 하지만 대다수 사용자는 정보 입력이 자신에게 도움이 되는 것으로 인지하지 귀찮은 것으

『왓챠』 앱의 실행 화면

로 생각하지는 않는다. 링크인이나 왓챠 모두 사용자들이 더 많은 정보를 입력할수록 더 정확한 정보를 제공해주기 때문이다.

사진에서 보는 것처럼 왓챠는 소비자가 자신의 기호 취향을 입력하면 그 취향에 맞게 영화나 드라마를 추천해 주는 앱으로 추천받기 위해서는 사용자의 취향 등을 미리 등록해야 한다. 이메일로 회원 가입을 간단히 한 후에 15개 영화에 대한 별점 평가와 10개 이상의 드라마에 대한 별점 평가만 하면 된다. 별점 평가가 끝나면 사용자의 취향에 맞는 영화, 드라마를 추천해 준다. 취향이나 기호를 입력하는 과정이 번거롭고 귀찮을 수 있지만 왓챠는 그 입력 과정을 단순하게 하고 재미있게 함으로써, 사용자의 Input은 높이고 귀찮은 생각이 들지 않도록 배려하고 있다.

링크인이나 왓챠처럼 사용자가 자신과 관련된 정보를 입력하도록 하여 앱에 대해 사용자가 느끼는 가치를 높임으로써 사용자의 지속적 이용을 유도할 수 있다. 사용자의 시간, 노력 등이 투입될수록 사용자가 느끼는 가치는 올라가게 되고, 사용을 중단할 확률이 상대적으로 낮아진다는 사실을 유념해야 한다.

마케팅 관점에서의 사용자 Input

지금까지 사용자의 Input을 높일 수 있는 몇 가지 방법에 대해서 살펴보았다. Input을 높일 수 있는 대표적인 방법인 콘텐츠 생성, 사용자 정보 입력, 등은 마케팅 활동이라기보다는 앱 기획 시 고려하여야 할 요소로 생각할 수 있다. 틀린 말은 아니다. 그러나 사용자의 Input을 늘리는 것이 꼭 앱 기획자의 역할이라고만은 할 수 없다. 마케팅 활동을 통해 얼마든지 사용자의 Input을 증가시킬 수 있기 때문이다.

콘텐츠 생산, 사용 후기 등을 등록할 수 없는 유틸리티^{Utility} 성격의 앱이라고 한다면 사용자의 Input을 투입하게 하는 방법은 없을까? 마케팅 활동을 통해 사용자가 시간과 노력을 들일 수 있는 특정 Activity 또는 SVC를 제공하면 된다. Input 투입 정도에 따른 레벨^{Level} 분류, 동물과 식물과 같은 특정 아이템 가꾸기 등과 같은 캠페인 등을 통해 사용자의 Input 투입을 높이면 된다. 예를 들어, 일정관리 앱 같은 경우 일정관리에 투입하는 사용자의 시간, 사용횟수 등을 고려하여 '정리의 달인', '정리의 고수', '정리의 상수'와 같은 특정 명칭을 부여하여 사용자에게 시간, 노력 등의 Input 투입을 유도할 수 있다.

물론 사용자의 Input을 요구하는 Activity 또는 SVC는 앱의 본질적 가치와 연결되어야 한다. Input을 요구하는 Activity나 SVC가 앱의 본질적 가치와 연결될 때 시간과 노력 등의 Input과 앱 사용으로 얻는 사용 경험이 같이 저장 및 기억이 되어 가치가 올라가기 때문이다. 앱의 본질적 가치와 연결이 되지 않는 Activity나 SVC는 사용자에게 자신의 시간과 노력을 투자하도록 설득하지를 못한다.

위에서 언급한 해야 할 일을 정리하는 앱인 To-do 앱에 '동물키우기'와 같은 기능이 들어있다면 당신은 과연 이용하겠는가? '동물키우기' 기능은 이용하지 않을 것이다. To-do를 정리하는 것과 동물을 키우는 것은 전혀 연관성이 없기 때문이다. 반대로, To-do를 입력하고 정리하는 정도에 따라 '정리의 달인', '정리의 고수', '정리의 상수'와 같은 특정 명칭을 부여하게 되면, '특정 명칭'과 사용자가 그동안 투입한 시간과 노력이 같이 저장되고 엮이게 되어, 사용자로 하여금 더욱 애착을 갖게 하는 효과를 불러올 수가 있다. 따라서 사용자의 Input을 증가시키기 위한 마케팅 활동을 할 경우 앱이 제공하는 본질적 가치와 연계되어야 한다는 사실을 명심해야 한다.

사람들은 자신이 쏟아 부었던 시간, 노력, 비용 등에 대한 애착이 강하다. 시간과 노력을 기울인 경우 자신의 자긍심과 역량이 커졌다는 느낌이 들게 되고, 시간과 노력을 투입한 제품에 더 가치를 두게 된다. 이를 이케아 효과(IKEA Effect)라고 한다.

사용자로 하여금 앱 사용에 시간, 노력 등의 Input 등을 투자하게 하여 앱 자산을 형성하게 하는 것이 지속적인 앱 사용을 유도하는 방법이다.

사용자의 Input을 높일 수 있는 첫 번째 방법은 사용자로 하여금 콘텐츠를 생성하게 하는 방법이다. 콘텐츠는 사진, 동영상에서부터 사용자가 남기는 리뷰, 후기 등 다양하다. 콘텐츠가 생산, 저장되면서 사용자의 과거 경험과 기억 역시 같이 저장되기 때문에 시간이 지날수록 콘텐츠와 경험, 기억들이 한데 엮이게 되고 이에 따라 콘텐츠의 가치는 증가하게 된다.

사용자 Input을 증가시키는 다른 요소는 사용자 데이터다. 사용자에게 자신의 정보를 직접 입력하게 하거나 설정을 하도록 하면, 그만큼 사용자가 자신의 시간과 노력을 투입하게 되어 애착을 갖게 된다.

사용자의 Input을 높이는 것은 앱 기획자만의 역할은 아니다. 마케팅 활동을 통해 얼마든지 사용자의 Input을 증가시킬 수 있다. 마케팅 활동을 통해 사용자가 시간과 노력을 들일 수 있는 특정 Activity 또는 SVC를 제공하면 된다. 사용자의 Input을 요구하는 Activity 또는 SVC가 앱의 본질적 가치와 연결이 될 때 사용자가 투입한 시간과 노력 등